EINBAHNSTRASSE

**VON
WALTER BENJAMIN**

**MIT EINEM NACHWORT
VON MANFRED STEGLICH**

Bibliographische Information der Deutschen Nationalbibliothek:
Die Deutsche Nationalbibliothek verzeichnet diese Publikation in der Deutschen Nationalbibliografie; detaillierte bibliografische Daten sind im Internet über dnb.dnb.de abrufbar

TWENTYSIX – Der Self-Publishing-Verlag
Eine Kooperation zwischen der Verlagsgruppe Random House und BoD – Books on Demand

© 2017 Benjamin, Walter / Steglich, Manfred (Hrsg.)

Herstellung und Verlag:
BoD – Books on Demand, Norderstedt.

ISBN: 978-3-740730567

DIESE STRASSE HEISST
ASJA-LACIS-STRASSE
NACH DER DIE SIE
ALS INGENIEUR
IM AUTOR DURCHGEBROCHEN HAT

TANKSTELLE

Die Konstruktion des Lebens liegt im Augenblick weit mehr in der Gewalt von Fakten als von Überzeugungen. Und zwar von solchen Fakten, wie sie zur Grundlage von Überzeugungen fast nie noch und nirgend geworden sind. Unter diesen Umständen kann wahre literarische Aktivität nicht beanspruchen, in literarischem Rahmen sich abzuspielen – vielmehr ist das der übliche Ausdruck ihrer Unfruchtbarkeit. Die bedeutende literarische Wirksamkeit kann nur in strengem Wechsel von Tun und Schreiben zustande kommen; sie muß die unscheinbaren Formen, die ihrem Einfluß in tätigen Gemeinschaften besser entsprechen als die anspruchsvolle universale Geste des Buches in Flugblättern, Broschüren, Zeitschriftartikeln und Plakaten ausbilden. Nur diese prompte Sprache zeigt sich dem Augenblick wirkend gewachsen. Meinungen sind für den Riesenapparat des gesellschaftlichen Lebens, was Öl für Maschinen; man stellt sich nicht vor eine Turbine und übergießt sie mit Maschinenöl. Man spritzt ein wenig davon in verborgene Nieten und Fugen, die man kennen muß.

FRÜHSTÜCKSSTUBE

Eine Volksüberlieferung warnt, Träume am Morgen nüchtern zu erzählen. Der Erwachte verbleibt in diesem Zustand in der Tat noch im Bannkreis des Traumes. Die Waschung nämlich ruft nur die Oberfläche des Leibes und seine sichtbaren motorischen Funktionen ins Licht hinein, wogegen in den tieferen Schichten auch während der morgendlichen Reinigung die graue Traumdämmerung verharrt, ja in der Einsamkeit der ersten wachen Stunde sich festsetzt. Wer die Berührung mit dem Tage, sei es aus Menschenfurcht, sei es um innerer Sammlung willen, scheut, der will nicht essen und verschmäht das Frühstück. Derart vermeidet er den Bruch zwischen Nacht- und Tagwelt. Eine Behutsamkeit, die nur durch die Verbrennung des Traumes in konzentrierte Morgenarbeit, wenn nicht im Gebet, sich rechtfertigt, anders aber zu einer Vermengung der Lebensrhythmen führt. In dieser Verfassung ist der Bericht über Träume verhängnisvoll, weil der Mensch, zur Hälfte der Traumwelt noch verschworen, in seinen Worten sie verrät und ihre Rache gewärtigen muß. Neuzeitlicher gesprochen: er verrät sich selbst. Dem Schutz der träumenden Naivität ist er entwachsen und gibt, indem er seine Traumgesichte ohne Überlegenheit berührt, sich preis. Denn nur vom anderen Ufer, von dem hellen Tage aus, darf Traum aus überlegener Erinnerung angesprochen werden. Dieses Jenseits vom Traum ist nur in einer Reinigung erreichbar, die dem Waschen analog, jedoch gänzlich von ihm verschieden ist. Sie geht durch den Magen. Der Nüchterne spricht von Traum, als spräche er aus dem Schlaf.

NR. 113

*"Die Stunden, welche die Gestalt enthalten,
Sind in dem Haus des Traumes abgelaufen."*

SOUTERRAIN

Wir haben längst das Ritual vergessen, unter dem das Haus unseres Lebens aufgeführt wurde. Wenn es aber gestürmt werden soll und die feindlichen Bomben schon einschlagen, welch ausgemergelte, verschrobene Altertümer legen sie da in den Fundamenten nicht bloß. Was ward nicht alles unter Zauberformeln eingesenkt und aufgeopfert, welch schauerliches Raritätenkabinett da unten, wo dem Alltäglichsten die tiefsten Schächte vorbehalten sind. In einer Nacht der Verzweiflung sah ich im Traum mich mit dem ersten Kameraden meiner Schulzeit, den ich schon seit Jahrzehnten nicht mehr kenne und je in dieser Frist auch kaum erinnerte, Freundschaft und Brüderschaft stürmisch erneuern. Im Erwachen aber wurde mir klar: was die Verzweiflung wie ein Sprengschuß an den Tag gelegt, war der Kadaver dieses Menschen, der da eingemauert war und machen sollte: wer hier einmal wohnt, der soll in nichts ihm gleichen.

VESTIBÜL

Besuch im Goethehaus. Ich kann mich nicht entsinnen, Zimmer im Traume gesehen zu haben. Es war eine Flucht getünchter Korridore wie in einer Schule. Zwei ältere englische Besucherinnen und ein Kustos sind die Traumstatisten. Der Kustos fordert uns zur Eintragung ins Fremdenbuch auf, das am äußersten Ende eines Ganges auf einem Fensterpult geöffnet lag. Wie ich hinzutrete, finde ich beim Blättern meinen Namen schon mit großer ungefüger Kinderschrift verzeichnet.

SPEISESAAAL

In einem Traume sah ich mich in Goethes Arbeitszimmer. Es hatte keine Ähnlichkeit mit dem zu Weimar. Vor allem war es sehr klein und hatte nur ein Fenster. An die ihm gegenüberliegende Wand stieß der Schreibtisch mit seiner Schmalseite. Davor saß schreibend der Dichter im höchsten Alter. Ich hielt mich seitwärts, als er sich unterbrach und eine kleine Vase, ein antikes Gefäß, mir zum Geschenk gab. Ich drehte es in den Händen. Eine ungeheure Hitze herrschte im Zimmer. Goethe erhob sich und trat mit mir in den Nebenraum, wo eine lange Tafel für meine Verwandtschaft gedeckt war. Sie schien aber für weit mehr Personen berechnet, als diese zählte. Es war wohl für die Ahnen mitgedeckt. Am rechten Ende nahm ich neben Goethe Platz. Als das Mahl vorüber war, erhob er sich mühsam und mit einer Gebärde erbat ich Verlaub, ihn zu stützen. Als ich seinen Ellenbogen berührte, begann ich vor Ergriffenheit zu weinen.

FÜR MÄNNER

Überzeugen ist unfruchtbar.

NORMALUHR

Den Großen wiegen die vollendeten Werke leichter als jene Fragmente, an denen die Arbeit sich durch ihr Leben zieht. Denn nur der Schwächere, der Zerstreutere hat seine unvergleichliche Freude am Abschließen und fühlt damit seinem Leben sich wieder geschenkt. Dem Genius fällt jedwede Zäsur, fallen die schweren Schicksalsschläge wie der sanfte Schlaf in den Fleiß seiner Werkstatt selber. Und deren Bannkreis zieht er im Fragment. »Genie ist Fleiß.«

KEHRE ZURÜCK! ALLES VERGEBEN!

Wie einer, der am Reck die Riesenwelle schlägt, so schlägt man selber als Junge das Glücksrad, aus dem dann früher oder später das große Los fällt. Denn einzig, was wir schon mit fünfzehn wußten oder übten, macht eines Tages unsere Attraktiva aus. Und darum läßt sich eines nie wieder gut machen: versäumt zu haben, seinen Eltern fortzulaufen. Aus achtundvierzig Stunden Preisgegebenheit in diesen Jahren schießt wie in einer Lauge der Kristall des Lebensglücks zusammen.

HOCHHERRSCHAFTLICH MÖBLIERTE ZEHNZIMMERWOHNUNG

Vom Möbelstil der zweiten Hälfte des neunzehnten Jahrhunderts gibt die einzig zulängliche Darstellung und Analysis zugleich eine gewisse Art von Kriminalromanen, in deren dynamischem Zentrum der Schrecken der Wohnung steht. Die Anordnung der Möbel ist zugleich der Lageplan der tödlichen Fallen und die Zimmerflucht schreibt dem Opfer die Fluchtbahn vor. Daß gerade diese Art des Kriminalromans mit Poe beginnt – zu einer Zeit also, als solche Behausungen noch kaum existierten –, besagt nichts dagegen. Denn ohne Ausnahme kombinieren die großen Dichter in einer Welt, die nach ihnen kommt, wie die Pariser Straßen von Baudelaires Gedichten erst nach neunzehnhundert und auch die Menschen Dostojewskis nicht früher da waren. Das bürgerliche Interieur der sechziger bis neunziger Jahre mit seinen riesigen, von Schnitzereien überquollenen Büfetts, den sonnenlosen Ecken, wo die Palme steht, dem Erker, den die Balustrade verschanzt und den langen Korridoren mit der singenden Gasflamme wird adäquat allein der Leiche zur Behausung. »Auf diesem Sofa kann die Tante nur ermordet werden.« Die seelenlose Üppigkeit des Mobiliars wird wahrhafter Komfort erst vor dem Leichnam. Viel interessanter als der landschaftliche Orient in den Kriminalromanen ist jener üppige Orient in ihren Interieurs: der Perserteppich und die Ottomane, die Ampel und der edle kaukasische Dolch. Hinter den schweren gerafften Kelims feiert der Hausherr seine Orgien mit den Wertpapieren, kann sich als morgenländischer Kaufherr, als fauler Pascha im Khanat des faulen Zaubers fühlen, bis jener Dolch im silbernen Gehänge überm Divan eines schönen Nachmittags seiner Siesta und ihm selber ein Ende macht. Dieser Charakter der bürgerlichen Wohnung, die nach dem namenlosen Mörder zittert, wie eine geile Greisin nach dem Galan, ist von einigen Autoren durchdrungen worden, die als »Kriminalschriftsteller« – vielleicht auch, weil in ihren Schriften sich ein Stück des bürgerlichen Pandämoniums ausprägt – um ihre gerechten Ehren gekommen sind. Conan Doyle hat, was hier getroffen werden soll, in einzelnen seiner Schriften, in einer großen Produktion hat die Schriftstellerin A. K. Green es herausgestellt und mit dem »Phantom der Oper«, einem der großen Romane über das neunzehnte Jahrhundert, Gaston Leroux dieser Gattung zur Apotheose verholfen.

CHINAWAREN

In diesen Tagen darf sich niemand auf das versteifen, was er »kann«. In der Improvisation liegt die Stärke. Alle entscheidenden Schläge werden mit der linken Hand geführt werden.

Ein Tor befindet sich am Anfang eines langen Weges, der bergab zu dem Hause von ... leitet, die ich allabendlich besuchte. Als sie ausgezogen war, lag die Öffnung des Torbogens von nun an wie eine Ohrmuschel vor mir, die das Gehör verloren hat.

Ein Kind, im Nachthemd, ist nicht zu bewegen, einen eintretenden Besuch zu begrüßen. Die Anwesenden, vom höheren sittlichen Standpunkt aus, reden ihm, um seine Prüderie zu bezwingen, vergeblich zu. Wenige Minuten später zeigt es sich, diesmal splitternackt, dem Besucher. Es hatte sich inzwischen gewaschen.

Die Kraft der Landstraße ist eine andere, ob einer sie geht oder im Aeroplan drüber hinfliegt. So ist auch die Kraft eines Textes eine andere, ob einer ihn liest oder abschreibt. Wer fliegt, sieht nur, wie sich die Straße durch die Landschaft schiebt, ihm rollt sie nach den gleichen Gesetzen ab wie das Terrain, das herum liegt. Nur wer die Straße geht, erfährt von ihrer Herrschaft und wie aus eben jenem Gelände, das für den Flieger nur die aufgerollte Ebene ist, sie Fernen, Belvederes, Lichtungen, Prospekte mit jeder ihrer Wendungen so herauskommandiert, wie der Ruf des Befehlshabers Soldaten aus einer Front. So kommandiert allein der abgeschriebene Text die Seele dessen, der mit ihm beschäftigt ist, während der bloße Leser die neuen Ansichten seines Innern nie kennen lernt, wie der Text, jene Straße durch den immer wieder sich verdichtenden inneren Urwald, sie bahnt: weil der Leser der Bewegung seines Ich im freien Luftbereich der Träumerei gehorcht, der Abschreiber aber sie kommandieren läßt. Das chinesische Bücherkopieren war daher die unvergleichliche Bürgschaft literarischer Kultur und die Abschrift ein Schlüssel zu Chinas Rätseln.

HANDSCHUHE

Beim Ekel vor Tieren ist die beherrschende Empfindung die Angst, in der Berührung von ihnen erkannt zu werden. Wassich tief im Menschen entsetzt, ist das dunkle Bewußtsein, in ihm sei etwas am Leben, was dem ekelerregenden Tiere so wenig fremd sei, daß es von ihm erkannt werden könne. – Aller Ekel ist ursprünglich Ekel vor dem Berühren. Über dieses Gefühl setzt sogar die Bemeisterung sich nur mit sprunghafter, überschießender Geberde hinweg: das Ekelhafte wird sie heftig umschlingen, verspeisen, während die Zone der feinsten epidermalen Berührung tabu bleibt. Nur so ist dem Paradox der moralischen Forderung zu genügen, welche gleichzeitig Überwindung und subtilste Ausbildung des Ekelgefühls vom Menschen verlangt. Verleugnen darf er die bestialische Verwandtschaft mit der Kreatur nicht, auf deren Anruf sein Ekel erwidert: er muß sich zu ihrem Herrn machen.

MEXIKANISCHE BOTSCHAFT

Je ne passe jamais devant un fétiche de bois, un Bouddha doré, une idole mexicaine sans me dire: C'est peut-être le vrai dieu.

Charles Baudelaire

Mir träumte, als Mitglied einer forschenden Expedition in Mexiko zu sein. Nachdem wir einen hohen Urwald durchmessen hatten, gerieten wir auf ein oberirdisches Höhlensystem im Gebirge, wo aus der Zeit der ersten Missionare ein Orden sich bis jetzt gehalten hatte, dessen Brüder unter den Einheimischen das Bekehrungswerk fortsetzten. In einer unermeßlichen und gotisch spitz geschlossenen Mittelgrotte fand Gottesdienst nach dem ältesten Ritus statt. Wir traten hinzu und bekamen sein Hauptstück zu sehen: gegen ein hölzernes Brustbild Gottvaters, das irgendwo an einer Höhlenwand in großer Höhe angebracht sich zeigte, wurde von einem Priester ein mexikanischer Fetisch erhoben. Da bewegte das Gotteshaupt dreimal verneinend sich von rechts nach links.

DIESE ANPFLANZUNGEN SIND DEM SCHUTZE DES PUBLIKUMS EMPFOHLEN

Was wird »gelöst«? Bleiben nicht alle Fragen des gelebten Lebens zurück wie ein Baumschlag, der uns die Aussicht verwehrte? Daran, ihn auszuroden, ihn auch nur zu lichten, denken wir kaum. Wir schreiten weiter, lassen ihn hinter uns und aus der Ferne ist er zwar übersehbar, aber undeutlich, schattenhaft und desto rätselhafter verschlungen.

Kommentar und Übersetzung verhalten sich zum Text wie Stil und Mimesis zur Natur: dasselbe Phänomen unter verschiedenen Betrachtungsweisen. Am Baum des heiligen Textes sind beide nur die ewig rauschenden Blätter, am Baume des profanen die rechtzeitig fallenden Früchte.

Wer liebt, der hängt nicht nur an »Fehlern« der Geliebten, nicht nur an Ticks und Schwächen einer Frau, ihn binden Runzeln im Gesicht und Leberflecken, vernutzte Kleider und ein schiefer Gang viel dauernder und unerbittlicher als alle Schönheit. Man hat das längst erfahren. Und warum? Wenn eine Lehre wahr ist, welche sagt, daß die Empfindung nicht im Kopfe nistet, daß wir ein Fenster, eine Wolke, einen Baum nicht im Gehirn, vielmehr an jenem Ort, wo wir sie sehen, empfinden, so sind wir auch im Blick auf die Geliebte außer uns. Hier aber qualvoll angespannt und hingerissen. Geblendet flattert die Empfindung wie ein Schwarm von Vögeln in dem Glanz der Frau. Und wie Vögel Schutz in den laubigen Verstecken des Baumes suchen, so flüchten die Empfindungen in die schattigen Runzeln, die anmutlosen Gesten und unscheinbaren Makel des geliebten Leibs, wo sie gesichert im Versteck sich ducken. Und kein Vorübergehender errät, daß gerade hier, im Mangelhaften, Tadelnswerten die pfeilgeschwinde Liebesregung des Verehrers nistet.

BAUSTELLE

Pedantisch über Herstellung von Gegenständen – Anschauungsmitteln, Spielzeug oder Büchern – die sich für Kindereignen sollen, zu grübeln, ist töricht. Seit der Aufklärung ist das eine der muffigsten Spekulationen der Pädagogen. Ihre Vergaffung in Psychologie hindert sie zu erkennen, daß die Erde voll von den unvergleichlichsten Gegenständen kindlicher Aufmerksamkeit und Übung ist. Von den bestimmtesten. Kinder nämlich sind auf besondere Weise geneigt, jedwede Arbeitsstätte aufzusuchen, wo sichtbar die Betätigung an Dingen vor sich geht. Sie fühlen sich unwiderstehlich vom Abfall angezogen, der beim Bauen, bei Garten- oder Hausarbeit, beim Schneidern oder Tischlern entsteht. In Abfallprodukten erkennen sie das Gesicht, das die Dingwelt gerade ihnen, ihnen allein, zukehrt. In ihnen bilden sie die Werke der Erwachsenen weniger nach, als daß sie Stoffe sehr verschiedener Art durch das, was sie im Spiel daraus verfertigen, in eine neue, sprunghafte Beziehung zueinander setzen. Kinder bilden sich damit ihre Dingwelt, eine kleine in der großen, selbst. Die Normen dieser kleinen Dingwelt müßte man im Auge haben, wenn man vorsätzlich für die Kinder schaffen will und es nicht vorzieht, eigene Tätigkeit mit alledem, was an ihr Requisit und Instrument ist, allein den Weg zu ihnen sich finden zu lassen.

MINISTERIUM DES INNERN

Je feindlicher ein Mensch zum Überkommenen steht, desto unerbittlicher wird er sein privates Leben den Normen unterordnen, die er zu Gesetzgebern eines kommenden gesellschaftlichen Zustands erheben will. Es ist, als legten sie ihm die Verpflichtung auf, sie, die noch nirgendwo verwirklicht sind, zum mindesten in seinem eigenen Lebenskreise vorzubilden. Der Mann jedoch, der sich in Einklang mit den ältesten Überlieferungen seines Standes oder seines Volkes weiß, stellt gelegentlich sein Privatleben ostentativ in Gegensatz zu den Maximen, die er im öffentlichen Leben unnachsichtlich vertritt und würdigt ohne leiseste Beklemmung des Gewissens sein eigenes Verhalten insgeheim als bündigsten Beweis unerschütterlicher Autorität der von ihm affichierten Grundsätze. So unterscheiden sich die Typen des anarchosozialistischen und des konservativen Politikers.

FLAGGE – –

Wie der Abschiednehmende leichter geliebt wird! Weil die Flamme für den Sichentfernenden reiner brennt, genährt von dem flüchtigen Streifen Zeug, der vom Schiff oder Fenster des Zuges herüberwinkt. Entfernung dringt wie Farbstoff in den Verschwindenden und durchtränkt ihn mit sanfter Glut.

– – AUF HALBMAST

Stirbt ein sehr nahestehender Mensch uns dahin, so ist in den Entwicklungen der nächsten Monate etwas, wovon wir zu bemerken glauben, daß – so gern wir es mit ihm geteilt hätten – nur durch sein Fernsein es sich entfalten konnte. Wir grüßen ihn zuletzt in einer Sprache, die er schon nicht mehr versteht.

KAISERPANORAMA
REISE DURCH DIE DEUTSCHE INFLATION

I. In dem Schatze jener Redewendungen, mit welchen die aus Dummheit und Feigheit zusammengeschweißte Lebensart des deutschen Bürgers sich alltäglich verrät, ist die von der bevorstehenden Katastrophe – indem es ja »nicht mehr so weitergehen« könne – besonders denkwürdig. Die hilflose Fixierung an die Sicherheits- und Besitzvorstellungen der vergangenen Jahrzehnte verhindert den Durchschnittsmenschen, die höchst bemerkenswerten Stabilitäten ganz neuer Art, welche der gegenwärtigen Situation zugrunde liegen, zu apperzipieren. Da die relative Stabilisierung der Vorkriegsjahre ihn begünstigte, glaubt er, jeden Zustand, der ihn depossediert, für unstabil ansehen zu müssen. Aber stabile Verhältnisse brauchen nie und nimmer angenehme Verhältnisse zu sein und schon vor dem Kriege gab es Schichten, für welche die stabilisierten Verhältnisse das stabilisierte Elend waren. Verfall ist um nichts weniger stabil, um nichts wunderbarer als Aufstieg. Nur eine Rechnung, die im Untergange die einzige ratio des gegenwärtigen Zustandes zu finden sich eingesteht, käme von dem erschlaffenden Staunen über das alltäglich sich Wiederholende dazu, die Erscheinungen des Verfalls als das schlechthin Stabile und einzig das Rettende als ein fast ans Wunderbare und Unbegreifliche grenzendes Außerordentliches zu gewärtigen. Die Volksgemeinschaften Mitteleuropas leben wie Einwohner einer rings umzingelten Stadt, denen Lebensmittel und Pulver ausgehen und für die Rettung menschlichem Ermessen nach kaum zu erwarten. Ein Fall, in dem Übergabe, vielleicht auf Gnade oder Ungnade, aufs ernsthafteste erwogen werden müßte. Aber die stumme, unsichtbare Macht, welcher Mitteleuropa sich gegenüber fühlt, verhandelt nicht. So bleibt nichts, als in der immerwährenden Erwartung des letzten Sturmangriffs auf nichts, als das Außerordentliche, das allein noch retten kann, die Blicke zu richten. Dieser geforderte Zustand angespanntester klagloser Aufmerksamkeit aber könnte, da wir in einem geheimnisvollen Kontakt mit den uns belagernden Gewalten stehen, das Wunder wirklich herbeiführen. Dahingegen wird die Erwartung, daß es nicht mehr so weitergehen könne, eines Tages sich darüber belehrt finden, daß es für das Leiden des einzelnen wie der Gemeinschaften nur eine Grenze, über die hinaus es nicht mehr weiter geht, gibt: die Vernichtung.

II. Eine sonderbare Paradoxie: die Leute haben nur das engherzigste Privatinteresse im Sinne, wenn sie handeln, zugleich aber werden sie in ihrem Verhalten mehr als jemals bestimmt durch die Instinkte der Masse. Und mehr als jemals sind die Masseninstinkte irr und dem Leben fremd geworden. Wo der dunkle Trieb des Tieres – wie zahllose Anekdoten erzählen – aus der nahenden Gefahr, die noch unsichtbar scheint, den Ausgang findet, da verfällt diese Gesellschaft, deren jeder sein eigenes niederes Wohl allein im Auge hat, mit tierischer Dumpfheit aber ohne das dumpfe Wissen der Tiere, als eine blinde Masse jeder, auch der nächstliegenden Gefahr und die Verschiedenheit individueller Ziele wird belanglos vor der Identität der bestimmenden Kräfte. Wieder und wieder hat es sich gezeigt, daß ihr Hangen am gewohnten, nun längst schon verlorenen Leben so starr ist, daß es die eigentlich menschliche Anwendung des Intellekts, Voraussicht, selbst in der drastischen Gefahr vereitelt. So daß in ihr das Bild der Dummheit sich vollendet: Unsicherheit, ja Perversion der lebenswichtigen Instinkte und Ohnmacht, ja Verfall des Intellekts. Dieses ist die Verfassung der Gesamtheit deutscher Bürger.

III. Alle näheren menschlichen Beziehungen werden von einer fast unerträglichen durchdringenden Klarheit getroffen, in der sie kaum standzuhalten vermögen. Denn indem einerseits das Geld auf verheerende Weise im Mittelpunkt aller Lebensinteressen steht, andererseits gerade dieses die Schranke ist, vor der fast alle menschliche Beziehung versagt, so verschwindet wie im Natürlichen so im Sittlichen mehr und mehr das unreflektierte Vertrauen, Ruhe und Gesundheit.

IV. Nicht umsonst pflegt man vom »nackten« Elend zu sprechen. Was in seiner Schaustellung, welche Sitte zu werden begann unter dem Gesetz der Not und doch ein Tausendstel nur vom Verborgenen sichtbar macht, das Unheilvollste ist, das ist nicht das Mitleid oder das gleich furchtbare Bewußtsein eigener Unberührtheit, das im Betrachter geweckt wird, sondern dessen Scham. Unmöglich, in einer deutschen Großstadt zu leben, in welcher der Hunger die Elendsten zwingt, von den Scheinen zu leben, mit denen die Vorübergehenden eine Blöße zu decken suchen, die sie verwundet.

V. »Armut schändet nicht.« Ganz wohl. Doch sie schänden den Armen. Sie tun's und sie trösten ihn mit dem Sprüchlein. Es ist von denen, die man einst konnte gelten lassen, deren Verfalltag nun längst gekommen. Nicht anders wie jenes brutale »Wer nicht arbeitet, der soll auch nicht essen«. Als es Arbeit gab, die ihren Mann nährte, gab es auch Armut, die ihn nicht schändete, wenn sie aus Mißwachs und anderem Geschick ihn traf. Wohl aber schändet dies Darben, in das Millionen hineingeboren, Hunderttausende verstrickt werden, die verarmen. Schmutz und Elend wachsen wie Mauern als Werk von unsichtbaren Händen um sie hoch. Und wie der einzelne viel ertragen kann für sich, gerechte Scham aber fühlt, wenn sein Weib es ihn tragen sieht und selber duldet, so darf der einzelne viel dulden, solang er allein, und alles, solang er's verbirgt. Aber nie darf einer seinen Frieden mit Armut schließen, wenn sie wie ein riesiger Schatten über sein Volk und sein Haus fällt. Dann soll er seine Sinne wachhalten für jede Demütigung, die ihnen zuteil wird und so lange sie in Zucht nehmen, bis sein Leiden nicht mehr die abschüssige Straße des Grams, sondern den aufsteigenden Pfad der Revolte gebahnt hat. Aber hier ist nichts zu hoffen, solange jedes furchtbarste, jedes dunkelste Schicksal täglich, ja stündlich diskutiert durch die Presse, in allen Scheinursachen und Scheinfolgen dargelegt, niemandem zur Erkenntnis der dunklen Gewalten verhilft, denen sein Leben hörig geworden ist.

VI. Dem Ausländer, welcher die Gestaltung des deutschen Lebens obenhin verfolgt, der gar das Land kurze Zeit bereist hat, erscheinen seine Bewohner nicht minder fremdartig als ein exotischer Volksschlag. Ein geistreicher Franzose hat gesagt: »In den seltensten Fällen wird sich ein Deutscher über sich selbst klar sein. Wird er sich einmal klar sein, so wird er es nicht sagen. Wird er es sagen, so wird er sich nicht verständlich machen.« Diese trostlose Distanz hat der Krieg nicht etwa nur durch die wirklichen und legendären Schandtaten, die man von Deutschen berichtete, erweitert. Was vielmehr die groteske Isolierung Deutschlands in den Augen anderer Europäer erst vollendet, was in ihnen im Grunde die Einstellung schafft, sie hätten es mit Hottentotten in den Deutschen zu tun (wie man dies sehr richtig genannt hat), das ist die Außenstehenden ganz unbegreifliche und den Gefangenen völlig unbewußte Gewalt, mit welcher die Lebensumstände, das Elend und die Dummheit auf diesem Schauplatz die Menschen den Gemeinschaftskräften untertan machen, wie nur das Leben irgendeines Primitiven von den Clangesetzlichkeiten bestimmt wird. Das europäischste aller Güter, jene mehr oder minder deutliche Ironie, mit der das Leben des einzelnen disparat dem Dasein jeder Gemeinschaft zu verlaufen beansprucht, in die er verschlagen ist, ist den Deutschen gänzlich abhanden gekommen.

VII. Die Freiheit des Gespräches geht verloren. Wenn früher unter Menschen im Gespräch Eingehen auf den Partner sich von selbst verstand, wird es nun durch die Frage nach dem Preise seiner Schuhe oder seines Regenschirmes ersetzt. Unabwendbar drängt sich in jede gesellige Unterhaltung das Thema der Lebensverhältnisse, des Geldes. Dabei geht es nicht sowohl um Sorgen und Leiden der einzelnen, in welchen sie vielleicht einander zu helfen vermöchten, als um die Betrachtung des Ganzen. Es ist, als sei man in einem Theater gefangen und müsse dem Stück auf der Bühne folgen, ob man wolle oder nicht, müsse es immer wieder, ob man wolle oder nicht, zum Gegenstand des Denkens und Sprechens machen.

VIII. Wer sich der Wahrnehmung des Verfalls nicht entzieht, der wird unverweilt dazu übergehen, eine besondere Rechtfertigung für sein Verweilen, seine Tätigkeit und seine Beteiligung an diesem Chaos in Anspruch zu nehmen. So viele Einsichten ins allgemeine Versagen, so viele Ausnahmen für den eigenen Wirkungskreis, Wohnort und Augenblick. Der blinde Wille, von der persönlichen Existenz eher das Prestige zu retten, als durch die souveräne Abschätzung ihrer Ohnmacht und ihrer Verstricktheit wenigstens vom Hintergrunde der allgemeinen Verblendung sie zu lösen, setzt sich fast überall durch. Darum ist die Luft so voll von Lebenstheorien und Weltanschauungen, und darum wirken sie hierzulande so anmaßend, weil sie am Ende fast stets der Sanktion irgendeiner ganz nichtssagenden Privatsituation gelten. Eben darum ist sie auch so voll von Trugbildern, Luftspiegelungen einer trotz allem über Nacht blühend hereinbrechenden kulturellen Zukunft, weil jeder auf die optischen Täuschungen seines isolierten Standpunktes sich verpflichtet.

IX. Die Menschen, die im Umkreise dieses Landes eingepfercht sind, haben den Blick für den Kontur der menschlichen Person verloren. Jeder Freie erscheint vor ihnen als Sonderling. Man stelle sich die Bergketten der Hochalpen vor, jedoch nicht gegen den Himmel abgesetzt, sondern gegen die Falten eines dunklen Tuches. Nur undeutlich würden die gewaltigen Formen sich abzeichnen. Ganz so hat ein schwerer Vorhang Deutschlands Himmel verhängt und wir sehen die Profilierung selbst der größten Menschen nicht mehr.

X. Aus den Dingen schwindet die Wärme. Die Gegenstände des täglichen Gebrauchs stoßen den Menschen sacht aber beharrlich von sich ab. In summa hat er tagtäglich mit der Überwindung der geheimen «Widerstände – und nicht etwa nur der offenen –, die sie ihm entgegensetzen, eine ungeheure Arbeit zu leisten. Ihre Kälte muß er mit der eigenen Wärme ausgleichen, um nicht an ihnen zu erstarren und ihre Stacheln mit unendlicher Geschicklichkeit anfassen, um nicht an ihnen zu verbluten. Von seinen Nebenmenschen erwarte er keine Hilfe. Schaffner, Beamte, Handwerker und Verkäufer – sie alle fühlen sich als Vertreter einer aufsässigen Materie, deren Gefährlichkeit sie durch die eigene Roheit ins Licht zu setzen bestrebt sind. Und der Entartung der Dinge, mit welcher sie, dem menschlichen Verfalle folgend, ihn züchtigen, ist selbst das Land verschworen. Es zehrt am

Menschen wie die Dinge, und der ewig ausbleibende deutsche Frühling ist nur eine unter zahllosen verwandten Erscheinungen der sich zersetzenden deutschen Natur. In ihr lebt man, als sei der Druck der Luftsäule, dessen Gewicht jeder trägt, wider alles Gesetz in diesen Landstrichen plötzlich fühlbar geworden.

XI. Der Entfaltung jeder menschlichen Bewegung, mag sie geistigen oder selbst natürlichen Impulsen entspringen, ist der maßlose Widerstand der Umwelt angesagt. Wohnungsnot und Verkehrsteuerung sind am Werke, das elementare Sinnbild europäischer Freiheit, das in gewissen Formen selbst dem Mittelalter gegeben war, die Freizügigkeit, vollkommen zu vernichten. Und wenn der mittelalterliche Zwang den Menschen an natürliche Verbände fesselte, so ist er nun in unnatürliche Gemeinsamkeit verkettet. Weniges wird die verhängnisvolle Gewalt des umsichgreifenden Wandertriebes so stärken, wie die Abschnürung der Freizügigkeit, und niemals hat die Bewegungsfreiheit zum Reichtum der Bewegungsmittel in einem größeren Mißverhältnis gestanden.

XII. Wie alle Dinge in einem unaufhaltsamen Prozeß der Vermischung und Verunreinigung um ihren Wesensausdruck kommen und sich Zweideutiges an die Stelle des Eigentlichen setzt, so auch die Stadt. Große Städte, deren unvergleichlich beruhigende und bestätigende Macht den Schaffenden in einen Burgfrieden schließt und mit dem Anblick des Horizonts auch das Bewußtsein der immer wachenden Elementarkräfte von ihm zu nehmen vermag, zeigen sich allerorten durchbrochen vom eindringenden Land. Nicht von der Landschaft, sondern von dem, was die freie Natur Bitterstes hat, vom Ackerboden, von Chausseen, vom Nachthimmel, den keine rot vibrierende Schicht mehr verhüllt. Die Unsicherheit selbst der belebten Gegenden versetzt den Städter vollends in jene undurchsichtige und im höchsten Grade grauenvolle Situation, in der er unter den Unbilden des vereinsamten Flachlandes die Ausgeburten der städtischen Architektonik in sich aufnehmen muß.

XIII. Eine edle Indifferenz gegen die Sphären des Reichtums und der Armut ist den Dingen, die hergestellt werden, völlig abhanden gekommen. Ein jedes stempelt seinen Besitzer ab, der nur die Wahl hat, als armer Schlucker oder Schieber zu erscheinen. Denn während selbst der wahre Luxus von der Art ist, daß Geist und Geselligkeit ihn zu durchdringen und in Vergessenheit zu bringen vermögen, trägt, was hier von Luxuswaren sich breit macht, eine soschamlose Massivität zur Schau, daß jede geistige Ausstrahlung daran zerbricht.

XIV. Aus den ältesten Gebräuchen der Völker scheint es wie eine Warnung an uns zu ergehen, im Entgegennehmen dessen, was wir von der Natur so reich empfangen, uns vor der Geste der Habgier zu hüten. Denn wir vermögen nichts der Muttererde aus Eigenem zu schenken. Daher gebührt es sich, Ehrfurcht im Nehmen zu zeigen, indem von allem, was wir je und je empfangen, wir einen Teil an sie zurückerstatten, noch ehe wir des Unseren uns bemächtigen. Diese Ehrfurcht spricht aus dem alten Brauch der libatio. Ja vielleicht ist es diese uralte sittliche Erfahrung, welche selbst in dem Verbot, die vergessenen Ähren einzusammeln und abgefallene Trauben aufzulesen, sich verwandelt erhielt, indem diese der Erde oder den segenspendenden Ahnen zugute kommen. Nach athenischem Brauch war das Auflesen der Brosamen bei der Mahlzeit untersagt, weil sie den Heroen gehören. – Ist einmal die Gesellschaft unter Not und Gier soweit entartet, daß sie die Gaben der Natur nur noch raubend empfangen kann, daß sie die Früchte, um sie günstig auf den Markt zu bringen, unreif abreißt und jede Schüssel, um nur satt zu werden, leeren muß, so wird ihre Erde verarmen und das Land schlechte Ernten bringen.

COIFFEUR FÜR PENIBLE DAMEN

Dreitausend Damen und Herren vom Kurfürstendamm sind eines Morgens wortlos aus den Betten zu verhaften und vierundzwanzig Stunden festzusetzen. Um Mitternacht verteilt man in den Zellen einen Fragebogen über die Todesstrafe, ersucht auch dessen Unterzeichner, anzugeben, welche Hinrichtungsart sie persönlich im gegebenen Falle zu wählen dächten. Dies Schriftstück hätten in Klausur »nach bestem Wissen« die auszufüllen, die bisher nur ungefragt sich »nach bestem Gewissen« zu äußern pflegten. Noch vor der ersten Frühe, die von alters heilig, hierzulande aber dem Henker geweiht ist, wäre die Frage der Todesstrafe geklärt.

ACHTUNG STUFEN!

Arbeit an einer guten Prosa hat drei Stufen: eine musikalische, auf der sie komponiert, eine architektonische, auf der sie gebaut, endlich eine textile, auf der sie gewoben wird.

VEREIDIGTER BÜCHERREVISOR

Die Zeit steht, wie in Kontrapost zur Renaissance schlechthin, so insbesondere im Gegensatz zur Situation, in der die Buchdruckerkunst erfunden wurde. Mag es nämlich ein Zufall sein oder nicht, ihr Erscheinen in Deutschland fällt in die Zeit, da das Buch im eminenten Sinne des Wortes, das Buch der Bücher durch Luthers Bibelübersetzung Volksgut wurde. Nun deutet alles darauf hin, daß das Buch in dieser überkommenen Gestalt seinem Ende entgegengeht. Mallarmé, wie er mitten in der kristallinischen Konstruktion seines gewiß traditionalistischen Schrifttums das Wahrbild des Kommenden sah, hat zum ersten Male im »Coup de dés« die graphischen Spannungen der Reklame ins Schriftbild verarbeitet. Was danach von Dadaisten an Schriftversuchen unternommen wurde, ging zwar nicht vom Konstruktiven, sondern den exakt reagierenden Nerven der Literaten aus und war darum weit weniger bestandhaft als Mallarmés Versuch, der aus dem Innern seines Stils erwuchs. Aber es läßt eben dadurch die Aktualität dessen erkennen, was monadisch, in seiner verschlossensten Kammer, Mallarmé in prästabilierter Harmonie mit allem dem entscheidenden Geschehen dieser Tage in Wirtschaft, Technik, öffentlichem Leben auffand. Die Schrift, die im gedruckten Buche ein Asyl gefunden hatte, wo sie ihr autonomes Dasein führte, wird unerbittlich von Reklamen auf die Straße hinausgezerrt und den brutalen Heteronomien des wirtschaftlichen Chaos unterstellt. Das ist der strenge Schulgang ihrer neuen Form. Wenn vor Jahrhunderten sie allmählich sich niederzulegen begann, von der aufrechten Inschrift zur schräg auf Pulten ruhenden Handschrift ward, um endlich sich im Buchdruck zu betten, beginnt sie nun ebenso langsam sich wieder vom Boden zu heben. Bereits die Zeitung wird mehr in der Senkrechten als in der Horizontale gelesen, Film und Reklame drängen die Schrift vollends in die diktatorische Vertikale. Und ehe der Zeitgenosse dazu kommt, ein Buch aufzuschlagen, ist über seine Augen ein so dichtes Gestöber von wandelbaren, farbigen, streitenden Lettern niedergegangen, daß die Chancen seines Eindringens in die archaische Stille des Buches gering geworden sind. Heuschreckenschwärme von Schrift, die heute schon die Sonne des vermeinten Geistes den Großstädtern verfinstern, werden dichter mit jedem folgenden Jahre werden. Andere Erfordernisse des Geschäftslebens führen weiter. Die Kartothek bringt die Eroberung der dreidimensionalen Schrift, also einen überraschenden Kontrapunkt zur Dreidimensionalität der Schrift in ihrem Ursprung als Rune oder Knotenschrift. (Und heute schon ist das Buch, wie die aktuelle wissenschaftliche Produktionsweise lehrt, eine veraltete Vermittlung zwischen zwei verschiedenen Kartothekssystemen. Denn alles Wesentliche findet sich im Zettelkasten des Forschers, der's verfaßte, und der Gelehrte, der darin studiert, assimiliert es seiner eigenen Kartothek.) Aber es ist ganz außer Zweifel, daß die Entwicklung der Schrift nicht ins Unabsehbare an die Machtansprüche eines chaotischen Betriebes in Wissenschaft und Wirtschaft gebunden bleibt, vielmehr der Augenblick kommt, da Quantität in Qualität umschlägt und die Schrift, die immer tiefer in das graphische Bereich ihrer neuen exzentrischen Bildlichkeit vorstößt, mit einem Male ihrer adäquaten Sachgehalte habhaft wird. An dieser Bilderschrift werden Poeten, die dann wie in Urzeiten vorerst und vor allem Schriftkundige sein werden, nur mitarbeiten können, wenn sie sich die Gebiete erschließen, in denen (ohne viel Aufhebens von sich zu machen) deren Konstruktion sich vollzieht: die des statistischen und technischen Diagramms. Mit der Begründung einer internationalen Wandelschrift werden sie ihre Autorität im Leben der Völker erneuern und eine Rolle vorfinden, im Vergleich zu der alle Aspirationen auf Erneuerung der

Rhetorik sich als altfränkische Träumereien erweisen werden.

LEHRMITTEL

PRINZIPIEN DER WÄLZER ODER DIE KUNST DICKE BÜCHER ZU MACHEN

I. Die ganze Ausführung muß von der dauernden wortreichen Darlegung der Disposition durchwachsen sein.

II. Termini für Begriffe sind einzuführen, die außer bei dieser Definition selbst im ganzen Buch nicht mehr vorkommen.

III. Die im Text mühselig gewonnenen begrifflichen Distinktionen sind in den Anmerkungen zu den betreffenden Stellen wieder zu verwischen.

IV. Für Begriffe, über die nur in ihrer allgemeinen Bedeutung gehandelt wird, sind Beispiele zu geben: wo etwa von Maschinen die Rede ist, sind alle Arten derselben aufzuzählen.

V. Alles, was a priori von einem Objekt feststeht, ist durch eine Fülle von Beispielen zu erhärten.

VI. Zusammenhänge, die graphisch darstellbar sind, müssen in Worten ausgeführt werden. Statt etwa einen Stammbaum zu zeichnen, sind alle Verwandtschaftsverhältnisse abzuschildern und zu beschreiben.

VII. Von mehreren Gegnern, denen dieselbe Argumentation gemeinsam ist, ist jeder einzeln zu widerlegen.

Das Durchschnittswerk des heutigen Gelehrten will wie ein Katalog gelesen sein. Wann aber wird man soweit sein, Bücher wie Kataloge zu schreiben? Ist das schlechte

Innere dergestalt in das Äußere gedrungen, so entsteht ein vortreffliches Schriftwerk, in dem der Wert der Meinungen beziffert ist, ohne daß sie deswegen feilgeboten würden.

Die Schreibmaschine wird dem Federhalter die Hand des Literaten erst dann entfremden, wenn die Genauigkeit typographischer Formungen unmittelbar in die Konzeption seiner Bücher eingeht. Vermutlich wird man dann neue Systeme mit variablerer Schriftgestaltung benötigen. Sie werden die Innervation der befehlenden Finger an die Stelle der geläufigen Hand setzen.

Eine Periode, die, metrisch konzipiert, nachträglich an einer einzigen Stelle im Rhythmus gestört wird, macht den schönsten Prosasatz, der sich denken läßt. So fällt durch eine kleine Bresche in der Mauer ein Lichtstrahl in die Stube des Alchimisten und läßt Kristalle, Kugeln und Triangel aufblitzen.

DEUTSCHE TRINKT DEUTSCHES BIER!

Der Pöbel ist von dem frenetischen Haß gegen das geistige Leben besessen, der die Gewähr für dessen Vernichtung in der Abzählung der Leiber erkannt hat. Wo man's ihnen irgend verstattet, stellen sie sich in Reih und Glied, ins Trommelfeuer und zur Warenhausse drängen sie marschmäßig. Keiner sieht weiter als in den Rücken des Vordermanns und jeder ist stolz, dergestalt vorbildlich für den Folgenden zu heißen. Das haben im Felde die Männer seit Jahrhunderten herausgehabt, aber den Parademarsch des Elends, das Anstellen, haben die Weiber erfunden.

ANKLEBEN VERBOTEN!

DIE TECHNIK DES SCHRIFTSTELLERS IN DREIZEHN THESEN

I. Wer an die Niederschrift eines größeren Werks zu gehen beabsichtigt, lasse sich's wohl sein und gewähre sich nach erledigtem Pensum alles, was die Fortführung nicht beeinträchtigt.

II. Sprich vom Geleisteten, wenn du willst, jedoch lies während des Verlaufes der Arbeit nicht daraus vor. Jede Genugtuung, die du dir hierdurch verschaffst, hemmt dein Tempo. Bei der Befolgung dieses Regimes wird der zunehmende Wunsch nach Mitteilung zuletzt ein Motor der Vollendung.

III. In den Arbeitsumständen suche dem Mittelmaß des Alltags zu entgehen. Halbe Ruhe, von schalen Geräuschen begleitet, entwürdigt. Dagegen vermag die Begleitung einer Etüde oder von Stimmengewirr der Arbeit ebenso bedeutsam zu werden, wie die vernehmliche Stille der Nacht. Schärft diese das innere Ohr, so wird jene zum Prüfstein einer Diktion, deren Fülle selbst die exzentrischen Geräusche in sich begräbt.

IV. Meide beliebiges Handwerkszeug. Pedantisches Beharren bei gewissen Papieren, Federn, Tinten ist von Nutzen. Nicht Luxus, aber Fülle dieser Utensilien ist unerläßlich.

V. Laß dir keinen Gedanken inkognito passieren und führe dein Notizheft so streng wie die Behörde das Fremdenregister.

VI. Mache deine Feder spröde gegen die Eingebung, und sie wird mit der Kraft des Magneten sie an sich ziehen. Je besonnener du mit der Niederschrift eines Einfalls verziehst, desto reifer entfaltet wird er sich dir ausliefern.

Die Rede erobert den Gedanken, aber die Schrift beherrscht ihn.

VII. Höre niemals mit Schreiben auf, weil dir nichts mehr einfällt. Es ist ein Gebot der literarischen Ehre, nur dann abzubrechen, wenn ein Termin (eine Mahlzeit, eine Verabredung) einzuhalten oder das Werk beendet ist.

VIII. Das Aussetzen der Eingebung fülle aus mit der sauberen Abschrift des Geleisteten. Die Intuition wird darüber erwachen.

IX. Nulla dies sine linea – wohl aber Wochen.

X. Betrachte niemals ein Werk als vollkommen, über dem du nicht einmal vom Abend bis zum hellen Tage gesessen hast.

XI. Den Abschluß des Werkes schreibe nicht im gewohnten Arbeitsraume nieder. Du würdest den Mut dazu in ihm nicht finden.

XII. Stufen der Abfassung: Gedanke – Stil – Schrift. Es ist der Sinn der Reinschrift, daß in ihrer Fixierung die Aufmerksamkeit nur mehr der Kalligraphie gilt. Der Gedanke tötet die Eingebung, der Stil fesselt den Gedanken, die Schrift entlohnt den Stil.

XIII. Das Werk ist die Totenmaske der Konzeption.

DREIZEHN THESEN WIDER SNOBISTEN

(Snob im Privatkontor der Kunstkritik. Links eine Kinderzeichnung, rechts ein Fetisch. Snob: »Da kann der ganze Picasso einpacken.«)

I. Der Künstler macht ein Werk.	Der Primitive äußert sich in Dokumenten.

II. Das Kunstwerk ist nur nebenbei ein Dokument.

III. Das Kunstwerk ist ein Meisterstück.

IV. Am Kunstwerk lernen Künstler das Metier.

V. Kunstwerke stehen eins dem andern fern durch Vollendung.

VI. Inhalt und Form sind im Kunstwerk eins: Gehalt.

VII. Gehalt ist das Erprobte.

VIII. Im Kunstwerk ist der Je tiefer man sich in ein Stoff ein Ballast, den die Betrachtung abwirft.

IX. Im Kunstwerk ist das Formgesetz zentral.

X. Das Kunstwerk ist synthetisch: Kraftzentrale.

XI. Im wiederholten Anblick steigert sich ein Kunstwerk.

Kein Dokument ist als ein solches Kunstwerk.

Das Dokument dient als Lehrstück.

Vor Dokumenten wird ein Publikum erzogen.

Im Stofflichen kommunizieren alle Dokumente.

In Dokumenten herrscht durchaus der Stoff.

Stoff ist das Geträumte.

Dokument verliert, desto dichter: Stoff.

Ins Dokument sind Formen nur versprengt.

Die Fruchtbarkeit des Dokuments will: Analyse.

Ein Dokument bewältigt nur durch Überraschung.

XII. Die Männlichkeit der Werke ist im Angriff.

XIII. Der Künstler geht auf die Eroberung von Gehalten.

Dem Dokument ist seine Unschuld eine Deckung.

Der primitive Mensch verschanzt sich hinter Stoffen.

DIE TECHNIK DES KRITIKERS IN ZEHN THESEN

I. Der Kritiker ist Stratege im Literaturkampf.

II. Wer nicht Partei ergreifen kann, der hat zu schweigen.

III. Der Kritiker hat mit dem Deuter von vergangenen Kunstepochen nichts zu tun.

IV. Kritik muß in der Sprache der Artisten reden. Denn die Begriffe des cénacle sind Parolen. Und nur in den Parolen tönt das Kampfgeschrei.

V. Immer muß ›Sachlichkeit‹ dem Parteigeist geopfert werden, wenn die Sache es wert ist, um welche der Kampf geht.

VI. Kritik ist eine moralische Sache. Wenn Goethe Hölderlin und Kleist, Beethoven und Jean Paul verkannte, so trifft das nicht sein Kunstverständnis, sondern seine Moral.

VII. Für den Kritiker sind seine Kollegen die höhere Instanz. Nicht das Publikum. Erst recht nicht die Nachwelt.

VIII. Die Nachwelt vergißt oder rühmt. Nur der Kritiker richtet im Angesicht des Autors.

IX. Polemik heißt, ein Buch in wenigen seiner Sätze vernichten. Je weniger man es studierte, desto besser. Nur wer vernichten kann, kann kritisieren.

X. Echte Polemik nimmt ein Buch sich so liebevoll vor, wie ein Kannibale sich einen Säugling zurüstet.

XI. Kunstbegeisterung ist dem Kritiker fremd. Das Kunstwerk ist in seiner Hand die blanke Waffe in dem Kampfe der Geister.

XII. Die Kunst des Kritikers in nuce: Schlagworte prägen, ohne die Ideen zu verraten. Schlagworte einer unzulänglichen Kritik verschachern den Gedanken an die Mode.

XIII. Das Publikum muß stets Unrecht erhalten und sich doch immer durch den Kritiker vertreten fühlen.

NR. 13

Treize – j'eus un plaisir cruel de m'arrêter sur ce nombre.

Marcel Proust

Le reploiement vierge du livre, encore, prête à un sacrifice dont saigna la tranche rouge des anciens tomes; l'introduction d'une arme, ou coupe-papier, pour établir la prise de possession.

Stephane Mallarmé

I. Bücher und Dirnen kann man ins Bett nehmen.

II. Bücher und Dirnen verschränken die Zeit. Sie beherrschen die Nacht wie den Tag und den Tag wie die Nacht.

III. Büchern und Dirnen sieht es keiner an, daß die Minuten ihnen kostbar sind. Läßt man sich aber näher mit ihnen ein, so merkt man erst, wie eilig sie es haben. Sie zählen mit, indem wir uns in sie vertiefen.

IV. Bücher und Dirnen haben seit jeher eine unglückliche Liebe zueinander.

V. Bücher und Dirnen – sie haben jedes ihre Sorte Männer, die von ihnen leben und sie drangsalieren. Bücher die Kritiker.

VI. Bücher und Dirnen in öffentlichen Häusern – für Studenten.

VII. Bücher und Dirnen – selten sieht einer ihr Ende, der sie besaß. Sie pflegen zu verschwinden, bevor sie vergehen.

VIII. Bücher und Dirnen erzählen so gern und so verlogen, wie sie es geworden sind. In Wahrheit merken sie's oft selber nicht. Da geht man jahrelang ›aus Liebe‹ allem nach und eines Tages steht als wohlbeleibtes Korpus auf dem Strich, was ›studienhalber‹ immer nur darüber schwebte.

IX. Bücher und Dirnen lieben es, den Rücken zu wenden, wenn sie sich ausstellen.

X. Bücher und Dirnen machen viel junge.

XI. Bücher und Dirnen – »Alte Betschwester – junge Hure«. Wieviele Bücher waren nicht verrufen, aus denen heut die Jugend lernen soll!

XII. Bücher und Dirnen tragen ihren Zank vor die Leute.

XIII. Bücher und Dirnen – Fußnoten sind bei den einen, was bei den andern Geldscheine im Strumpf.

WAFFEN UND MUNITION

Ich war in Riga, um eine Freundin zu besuchen, angekommen. Ihr Haus, die Stadt, die Sprache waren mir unbekannt. Kein Mensch erwartete mich, es kannte mich niemand. Ich ging zwei Stunden einsam durch die Straßen. So habe ich sie nie wiedergesehen. Aus jedem Haustor schlug eine Stichflamme, jeder Eckstein stob Funken und jede Tram kam wie die Feuerwehr dahergefahren. Sie konnte ja aus dem Tore treten, um die Ecke biegen und in der Tram sitzen. Von beiden aber mußte ich, um jeden Preis, der erste werden, der den andern sieht. Denn hätte sie die Lunte ihres Blicks an mich gelegt – ich hätte wie ein Munitionslager auffliegen müssen.

ERSTE HILFE

Ein höchst verworrenes Quartier, ein Straßennetz, das jahrelang von mir gemieden wurde, ward mir mit einem Schlage übersichtlich, als eines Tages ein geliebter Mensch dort einzog. Es war, als sei in seinem Fenster ein Scheinwerfer aufgestellt und zerlege die Gegend mit Lichtbüscheln.

INNENARCHITEKTUR

Der Traktat ist eine arabische Form. Sein Äußeres ist unabgesetzt und unauffällig, der Fassade arabischer Bauten entsprechend, deren Gliederung erst im Hofe anhebt. So ist auch die gegliederte Struktur des Traktats von außen nicht wahrnehmbar, sondern eröffnet sich nur von innen. Wenn Kapitel ihn bilden, so sind sie nicht verbal überschrieben, sondern ziffernmäßig bezeichnet. Die Fläche seiner Deliberationen ist nicht malerisch belebt, vielmehr mit den Netzen des Ornaments, das sich bruchlos fortschlingt, bedeckt. In der ornamentalen Dichtigkeit dieser Darstellung entfällt der Unterschied von thematischen und exkursiven Ausführungen.

PAPIER- UND SCHREIBWAREN

Pharus-Plan. Ich kenne eine, die geistesabwesend ist. Wo mir die Namen meiner Lieferanten, der Aufbewahrungsort von Dokumenten, Adressen meiner Freunde und Bekannten, die Stunde eines Rendezvous geläufig sind, da haben ihr politische Begriffe, Schlagworte der Partei, Bekenntnisformeln und Befehle sich festgesetzt. Sie lebt in einer Stadt der Parolen und wohnt in einem Quartier verschworener und verbrüderter Vokabeln, wo jedes Gäßchen Farbe bekennt und jedes Wort ein Feldgeschrei zum Echo hat.

Wunschbogen. »Tut ein Schilf sich doch hervor – Welten zu versüßen – Möge meinem Schreiberohr – Liebliches entfließen!« – das folgt der »Seligen Sehnsucht« wie eine Perle, die der geöffneten Muschelschale entrollt ist.

Taschenkalender. Für den nordischen Menschen ist weniges so bezeichnend als dies, daß, wenn er liebt, er vor allem einmal und um jeden Preis mit sich selber allein sein muß, sein Gefühl vorerst selbst betrachten, genießen muß, ehe er zu der Frau geht und es erklärt.

Briefbeschwerer. Place de la Concorde: Obelisk. Was vor viertausend Jahren darein ist gegraben worden, steht heut im Mittelpunkt des größten aller Plätze. Wäre das ihm geweissagt worden – welcher Triumph für den Pharao! Das erste abendländische Kulturreich wird einmal in seiner Mitte den Gedenkstein seiner Herrschaft tragen. Wie sieht in Wahrheit diese Glorie aus? Nicht einer von Zehntausenden, die hier vorübergehen, hält inne; nicht einer von Zehntausenden, die innehalten, kann die Aufschrift lesen. So löst ein jeder Ruhm Versprochenes ein, und kein Orakel gleicht ihm an Verschlagenheit. Denn der Unsterbliche steht da wie dieser Obelisk: er regelt einen geistigen Verkehr, der ihn umtost, und keinem ist die Inschrift, die darein gegraben ist, von Nutzen.

GALANTERIEWAREN

Unvergleichliche Sprache des Totenkopfes: völlige Ausdruckslosigkeit – das Schwarz seiner Augenhöhlen – vereint er mit wildestem Ausdruck – den grinsenden Zahnreihen.

Einer, der sich verlassen glaubt, liest und es schmerzt ihn, daß die Seite, die er umschlagen will, schon aufgeschnitten ist, daß nicht einmal sie mehr ihn braucht.

Gaben müssen den Beschenkten so tief betreffen, daß er erschrickt.

Als ein geschätzter, kultivierter und eleganter Freund mir sein neues Buch übersandte, überraschte ich mich dabei, wie ich, im Begriff es zu öffnen, meine Krawatte zurecht rückte.

Wer die Umgangsformen beachtet, aber die Lüge verwirft, gleicht einem, der sich zwar modisch kleidet, aber kein Hemd auf dem Leibe trägt.

Wenn der Zigarettenrauch in der Spitze und die Tinte im Füllhalter gleich leichten Zug hätten, dann wäre ich im Arkadien meiner Schriftstellern.

Glücklich sein heißt ohne Schrecken seiner selbst innewerden können.

VERGRÖSSERUNGEN

LESENDES KIND. Aus der Schülerbibliothek bekommt man ein Buch. In den unteren Klassen wird ausgeteilt. Nur hin und wieder wagt man einen Wunsch. Oft sieht man neidisch ersehnte Bücher in andere Hände gelangen. Endlich bekam man das seine. Für eine Woche war man gänzlich dem Treiben des Textes anheimgegeben, das mild und heimlich, dicht und unablässig, wie Schneeflocken einen umfing. Dahinein trat man mit grenzenlosem Vertrauen. Stille des Buches, die weiter und weiter lockte! Dessen Inhalt war gar nicht so wichtig. Denn die Lektüre fiel noch in die Zeit, da man selber Geschichten im Bett sich ausdachte. Ihren halbverwehten Wegen spürt das Kind nach. Beim Lesen hält es sich die Ohren zu; sein Buch liegt auf dem viel zu hohen Tisch und eine Hand liegt immer auf dem Blatt. Ihm sind die Abenteuer des Helden noch im Wirbel der Lettern zu lesen wie Figur und Botschaft im Treiben der Flocken. Sein Atem steht in der Luft der Geschehnisse und alle Figuren hauchen es an. Es ist viel näher unter die Gestalten gemischt als der Erwachsene. Es ist unsäglich betroffen von dem Geschehen und den gewechselten Worten und wenn es aufsteht, ist es über und über beschneit vom Gelesenen.

ZU SPÄT GEKOMMENES KIND. Die Uhr im Schulhof sieht beschädigt aus durch seine Schuld. Sie steht auf »Zu spät«. Und in den Flur dringt aus den Klassentüren, wo es vorbeistreicht, Murmeln von geheimer Beratung. Lehrer und Schüler dahinter sind Freund. Oder es schweigt alles still, als erwartete man einen. Unhörbar legt es die Hand an die Klinke. Die Sonne tränkt den Flecken, wo es steht. Da schändet es den grünen Tag und öffnet. Es hört die Lehrerstimme wie ein Mühlrad klappern; es steht vor dem Mahlwerk. Die klappernde Stimme behält ihren Takt, aber die Knechte werfen nun alles ab und auf das neue; zehn, zwanzig schwere Säcke fliegen ihm zu, die muß es zur Bank tragen. An seinem Mäntelchen ist jeder Faden weiß bestaubt. Wie eine arme Seele um Mitternacht macht es bei jedem Schritt Getöse, und keiner sieht es. Sitzt es dann auf dem Platz, so schafft es leise mit bis Glockenschlag. Aber es ist kein Segen dabei.

NASCHENDES KIND. Im Spalt des kaum geöffneten Speiseschranks dringt seine Hand wie ein Liebender durch die Nacht vor. Ist sie dann in der Finsternis zu Hause, so tastet sie nach Zucker oder Mandeln, nach Sultaninen oder Eingemachtem. Und wie der Liebhaber, ehe er's küßt, sein Mädchen umarmt, so hat der Tastsinn mit ihnen ein Stelldichein, ehe der Mund ihre Süßigkeit kostet. Wie gibt der Honig, geben Haufen von Korinthen, gibt sogar Reis sich schmeichelnd in die Hand. Wie leidenschaftlich dies Begegnen beider, die endlich nun dem Löffel entronnen sind. Dankbar und wild, wie eine, die man aus dem Elternhause sich geraubt hat, gibt hier die Erdbeermarmelade ohne Semmel und gleichsam unter Gottes freiem Himmel sich zu schmecken, und selbst die Butter erwidert mit Zärtlichkeit die Kühnheit eines Werbers, der in ihre Mägdekammer vorstieß. Die Hand, der jugendliche Don Juan, ist bald in alle Zellen und Gelasse eingedrungen, hinter sich rinnende Schichten und strömende Mengen: Jungfräulichkeit, die ohne Klagen sich erneuert.

KARUSSELLFAHRENDES KIND. Das Brett mit den dienstbaren Tieren rollt dicht überm Boden. Es hat die Höhe, in der man am besten zu fliegen träumt. Musik setzt ein, und ruckweis rollt das Kind von seiner Mutter fort. Erst hat es Angst, die Mutter zu verlassen. Dann aber merkt es, wie es selber treu ist. Es thront als treuer Herrscher über einer Welt, die ihm gehört. In der Tangente bilden Bäume und Eingeborene Spalier. Da taucht, in einem Orient, wiederum die Mutter auf. Danach tritt aus dem Urwald ein Wipfel, wie ihn das Kind schon vor Jahrtausenden, wie es ihn eben erst im Karussell gesehen hat. Sein Tier ist ihm zugetan: Wie ein stummer Arion fährt es auf seinem stummen Fisch dahin, ein hölzerner Stier-Zeus entführt es als makellose Europa. Längst ist die ewige Wiederkehr aller Dinge Kinderweisheit geworden und das Leben ein uralter Rausch der Herrschaft, mit dem dröhnenden Orchestrion in der Mitte als Kronschatz. Spielt es langsamer, fängt der Raum an zu stottern und die Bäume beginnen sich zu besinnen. Das Karussell wird unsicherer Grund. Und die Mutter taucht auf, der vielfach gerammte Pfahl, um welchen das landende Kind das Tau seiner Blicke wickelt.

UNORDENTLICHES KIND. Jeder Stein, den es findet, jede gepflückte Blume und jeder gefangene Schmetterling ist ihm schon Anfang einer Sammlung, und alles, was es überhaupt besitzt, macht ihm eine einzige Sammlung aus. An ihm zeigt diese Leidenschaft ihr wahres Gesicht, den strengen indianischen Blick, der in den Antiquaren, Forschern, Büchernarren nur noch getrübt und manisch weiterbrennt. Kaum tritt es ins Leben, so ist es Jäger. Es jagt die Geister, deren Spur es in den Dingen wittert; zwischen Geistern und Dingen verstreichen ihm Jahre, in denen sein Gesichtsfeld frei von Menschen bleibt. Es geht ihm wie in Träumen: es kennt nichts Bleibendes; alles geschieht ihm, meint es, begegnet ihm, stößt ihm zu.

Seine Nomadenjahre sind Stunden im Traumwald. Dorther schleppt es die Beute heim, um sie zu reinigen, zu festigen, zu entzaubern. Seine Schubladen müssen Zeughaus und Zoo, Kriminalmuseum und Krypta werden. ›Aufräumen‹ hieße einen Bau vernichten voll stachliger Kastanien, die Morgensterne, Stanniolpapiere, die ein Silberhort, Bauklötze, die Särge, Kakteen, die Totembäume und Kupferpfennige, die Schilde sind. Am Wäscheschrank der Mutter, an der Bücherei des Vaters, da hilft das Kind schon längst, wenn es im eigenen Revier noch immer der unstete, streitbare Gast ist.

VERSTECKTES KIND. Es kennt in der Wohnung schon alle Verstecke und kehrt darein wie in ein Haus zurück, wo man sicher ist, alles beim alten zu finden. Ihm klopft das Herz, es hält seinen Atem an. Hier ist es in die Stoffwelt eingeschlossen. Sie wird ihm ungeheuer deutlich, kommt ihm sprachlos nah. So wird erst einer, den man aufhängt, inne, was Strick und Holz sind. Das Kind, das hinter der Portiere steht, wird selbst zu etwas Wehendem und Weißem, zum Gespenst. Der Eßtisch, unter den es sich gekauert hat, läßt es zum hölzernen Idol des Tempels werden, wo die geschnitzten Beine die vier Säulen sind. Und hinter einer Türe ist es selber Tür, ist mit ihr angetan als schwerer Maske und wird als Zauberpriester alle behexen, die ahnungslos eintreten. Um keinen Preis darf es gefunden werden. Wenn es Gesichter schneidet, sagt man ihm, braucht nur die Uhr zu schlagen und es muß so bleiben. Was Wahres daran ist, das weiß es im Versteck. Wer es entdeckt, kann es als Götzen unterm Tisch erstarren machen, für immer als Gespenst in die Gardine es verweben, auf Lebenszeit es in die schwere Tür bannen. Es läßt darum mit einem lauten Schrei den Dämon, der es so verwandelte, damit man es nicht findet, ausfahren, wenn es der Suchende faßt – ja, wartet diesen Augenblick nicht ab, greift ihm mit einem Schrei der Selbstbefreiung vor. Darum wird es den Kampf mit dem Dämon nicht müde. Die Wohnung ist dabei das Arsenal der Masken. Doch einmal jährlich liegen an geheimnisvollen Stellen, in ihren leeren Augenhöhlen, ihrem starren Mund, Geschenke. Die magische Erfahrung wird Wissenschaft. Das Kind entzaubert als ihr Ingenieur die düstere Eltern Wohnung und sucht Ostereier.

ANTIQUITÄTEN

MEDAILLON. An allem, was mit Grund schön genannt wird, wirkt paradox, daß es erscheint.

GEBETMÜHLE. Lebendig nährt den Willen nur das vorgestellte Bild. Am bloßen Wort dagegen kann er sich zu höchst entzünden, um dann brandig fortzuschwelen. Kein heiler Wille ohne die genaue bildliche Vorstellung. Keine Vorstellungohne Innervation. Nun ist der Atem deren allerfeinste Regulierung. Der Laut der Formeln ist ein Kanon dieser Atmung. Daher die Praxis der über den heiligen Silben atmend meditierenden Yoga. Daher ihre Allmacht.

ANTIKER LÖFFEL. Eins ist den größten Epikern vorbehalten: ihre Helden füttern zu können.

ALTE LANDKARTE. In einer Liebe suchen die meisten ewige Heimat. Andere, sehr wenige aber das ewige Reisen. Diese letzten sind Melancholiker, die da Berührung mit der Muttererde zu scheuen haben. Wer die Schwermut der Heimat von ihnen fern hielte, den suchen sie. Dem halten sie Treue. Die mittelalterlichen Komplexionenbücher wissen um die Sehnsucht dieses Menschenschlages nach weiten Reisen.

FÄCHER. Man wird folgende Erfahrung gemacht haben: liebt man jemanden, ist man sogar nur intensiv mit ihm beschäftigt, so findet man beinah in jedem Buche sein Porträt. Ja er erscheint als Spieler und als Gegenspieler. In den Erzählungen, Romanen und Novellen begegnet er in immer neuen Verwandlungen. Und hieraus folgt: das Vermögen der Phantasie ist die Gabe, im unendlich Kleinen zu interpolieren, jeder Intensität als Extensivem ihre neue gedrängte Fülle zu erfinden, kurz, jedes Bild zu nehmen, als sei es das des zusammengelegten Fächers, das erst in der Entfaltung Atem holt und mit der neuen Breite die Züge des geliebten Menschen in seinem Innern aufführt.

RELIEF. Man ist zusammen mit der Frau, die man liebt, man spricht mit ihr. Dann, Wochen oder Monate später, wenn man von ihr getrennt ist, kommt einem wieder, wovon damals die Rede war. Und nun liegt das Motiv banal, grell, untief da, und man erkennt: nur sie, die sich aus Liebe tief darüber neigte, hat es vor uns beschattet und geschützt, daß wie ein Relief in allen Falten und in allen Winkeln der Gedanke lebte. Sind wir allein, wie jetzt, so liegt er flach, trost-, schattenlos im Lichte unserer Erkenntnis.

TORSO. Nur wer die eigene Vergangenheit als Ausgeburt des Zwanges und der Not zu betrachten wüßte, der wäre fähig, sie in jeder Gegenwart aufs höchste für sich wert zu machen. Denn was einer lebte, ist bestenfalls der schönen Figur vergleichbar, der auf Transporten alle Glieder abgeschlagen wurden, und die nun nichts als den kostbaren Block abgibt, aus dem er das Bild seiner Zukunft zu hauen hat.

UHREN UND GOLDWAREN

Wer den Sonnenaufgang wachend, bekleidet, auf einer Wanderung etwa, vor sich sieht, behält tagsüber vor allen anderen die Souveränität eines unsichtbar Gekrönten und wem er unter der Arbeit hereinbrach, dem ist um Mittag, als hätte er sich die Krone selbst aufgesetzt.

Als Lebensuhr, auf der die Sekunden nur so dahineilen, hängt über den Romanfiguren die Seitenzahl. Welcher Leser hätte nicht schon einmal flüchtig, geängstigt zu ihr aufgeblickt?

Ich träumte, mit Roethe gehe ich – neugebackener Privatdozent – in kollegialer Unterhaltung durch die weiten Räume eines Museums, dessen Vorsteher er ist. Während er in einem Nebenraum mit einem Angestellten sich unterhält, trete ich vor eine Vitrine. In ihr steht neben anderen, wohl kleineren Gegenständen, die verstreut sind, die metallische oder emaillierte, trübe das Licht spiegelnde, fast lebensgroße Büste einer Frau, nicht unähnlich der sogenannten Leonardoschen Flora im Berliner Museum. Der Mund dieses Goldhaupts ist geöffnet und über die Zähne des Unterkiefers sind Schmucksachen, die zum Teil aus dem Munde heraushängen, in wohlgemessenen Abständen gebreitet. Mir war nicht zweifelhaft, daß das eine Uhr sei. – (Motive des Traums: Der Scham-Roethe; Morgenstunde hat Gold im Munde; »La tête, avec l'amas de sa crinière sombre / Et de ses bijoux précieux, / Sur la table de nuit, comme une renoncule, / Repose«. Baudelaire.)

BOGENLAMPE

Einen Menschen kennt einzig nur der, welcher ohne Hoffnung ihn liebt.

LOGGIA

Geranie. Zwei Menschen, die sich lieben, hängen über alles an ihren Namen.

Karthäusernelke. Dem Liebenden erscheint der geliebte Mensch immer einsam.

Asphodelos. Wer geliebt wird, hinter dem schließt der Abgrund des Geschlechts sich wie der der Familie.

Kakteenblüte. Der wahre Liebende freut sich, wenn der geliebte Mensch streitend im Unrecht ist.

Vergißmeinnicht. Erinnerung sieht den geliebten Menschen stets verkleinert.

Blattpflanze. Tritt ein Hindernis vor die Vereinigung, so ist alsbald die Phantasie eines wunschlosen Beisammenseins im Alter zur Stelle.

FUNDBÜRO

Verlorene Gegenstände. Was den allerersten Anblick eines Dorfs, einer Stadt in der Landschaft so unvergleichlich und so unwiederbringlich macht, ist, daß in ihm die Ferne in der strengsten Bindung an die Nähe mitschwingt. Noch hat Gewohnheit ihr Werk nicht getan. Beginnen wir erst einmal uns zurechtzufinden, so ist die Landschaft mit einem Schlage verschwunden wie die Fassade eines Hauses wenn wir es betreten. Noch hat diese kein Übergewicht durch die stete, zur Gewohnheit gewordene Durchforschung erhalten. Haben wir einmal begonnen, im Ort uns zurechtzufinden, so kann jenes früheste Bild sich nie wieder herstellen.

Gefundene Gegenstände. Die blaue Ferne, die da keiner Nähe weicht und wiederum beim Näherkommen nicht zergeht, die nicht breitspurig und langatmig beim Herantreten daliegt, sondern nur verschlossener und drohender einem sich aufbaut, ist die gemalte Ferne der Kulisse. Das gibt den Bühnenbildern ihren unvergleichlichen Charakter.

HALTEPLATZ FÜR NICHT MEHR ALS 3 DROSCHKEN

Ich stand an einer Stelle zehn Minuten und wartete auf einen Omnibus. »L'Intran ... Paris-Soir ... La Liberté« rief hinter mir ununterbrochen mit unverändertem Tonfall eine Zeitungsfrau. »L'Intran ... Paris-Soir ... La Liberté« – eine Zuchthauszelle von dreieckigem Grundriß. Ich sah vor mir, wie leer es in den Winkeln aussah.

Ich sah im Traum »ein verrufenes Haus«. »Ein Hotel, in dem ein Tier verwöhnt ist. Es trinken fast alle nur verwöhntes Tierwasser.« Ich träumte in diesen Worten und fuhr sofort wieder auf. Vor übergroßer Ermüdung hatte ich im erhellten Zimmer mich in Kleidern aufs Bett geworfen und war sogleich, für einige Sekunden, eingeschlafen.

Es gibt in Mietskasernen eine Musik von so todestrauriger Ausgelassenheit, daß man nicht glauben will, sie sei für den, der spielt: es ist Musik für die möblierten Zimmer, wo einer sonntags in Gedanken sitzt, die bald mit diesen Noten sich garnieren wie eine Schüssel überreifes Obst mit welken Blättern.

KRIEGERDENKMAL

Karl Kraus. Nichts trostloser als seine Adepten, nichts gottverlassener als seine Gegner. Kein Name, der geziemender durch Schweigen geehrt würde. In einer uralten Rüstung, ingrimmig grinsend, ein chinesisches Idol, in beiden Händen die gezückten Schwerter schwingend, tanzt er den Kriegstanz vor dem Grabgewölbe der deutschen Sprache. Er, der »nur einer von den Epigonen, die in dem alten Haus der Sprache wohnen«, ist zum Beschließer ihrer Gruft geworden. In Tag- und Nachtwachen harrt er aus. Kein Posten ist je treuer gehalten worden und keiner je war verlorener. Hier steht, der aus dem Tränenmeere seiner Mitwelt schöpft wie eine Danaïde, und dem der Fels, der seine Feinde begraben soll, aus den Händen rollt wie dem Sisyphos. Was hilfloser als seine Konversion? Was ohnmächtiger als seine Humanität? Was hoffnungsloser als sein Kampf mit der Presse? Was weiß er von den wahrhaft ihm verbündeten Gewalten? Doch welches Sehertum der neuen Magier läßt sich vergleichen mit dem Lauschen dieses Zauberpriesters, dem eine abgeschiedene Sprache selbst die Worte eingibt? Wer hat je einen Geist beschworen wie Kraus in den »Verlassenen«, als ob sie vordem nie gedichtet worden wäre, die »Selige Sehnsucht«? So hilflos wie nur Geisterstimmen sich hören lassen, sagt das Raunen aus einer chthonischen Tiefe der Sprache ihm wahr. Jedweder Laut ist unvergleichlich echt, aber sie alle lassen ratlos wie Geisterrede. Blind wie die Manen ruft die Sprache ihn zur Rache auf, borniert wie Geister, die nur die Blutstimme kennen, denen gleich ist, was sie im Reiche der Lebenden anstiften. Aber er kann nicht irren. Unfehlbar sind ihre Mandate. Wer ihm in den Arm läuft, ist schon gerichtet: sein Name selber wird in diesem Mund zum Urteil. Wenn er ihn aufreißt, schlägt die farblose Flamme des Witzes ihm über die Lippen. Und keiner, der die Wege des Lebens geht, stieße auf ihn. Auf einem archaischen Felde der Ehre, einer riesigen Walstatt blutiger Arbeit rast er vor einem verlassenen Grabmonument. Die Ehren seines Todes werden unermeßlich, die letzten sein, die vergeben werden.

FEUERMELDER

Die Vorstellung vom Klassenkampf kann irreführen. Es handelt sich in ihm nicht um eine Kraftprobe, in der die Frage: wer siegt, wer unterliegt? entschieden würde, nicht um ein Ringen, nach dessen Ausgang es dem Sieger gut, dem Unterlegenen aber schlecht gehen wird. So denken, heißt die Fakten romantisch vertuschen. Denn mag die Bourgeoisie im Kampfe siegen oder unterliegen, sie bleibt zum Untergange durch die inneren Widersprüche, die ihr im Laufe der Entwicklung tödlich werden, verurteilt. Die Frage ist nur, ob sie an sich selber oder durch das Proletariat zugrunde geht. Bestand oder das Ende einer dreitausendjährigen Kulturentwicklung werden durch die Antwort darauf entschieden. Geschichte weiß nichts von der schlechten Unendlichkeit im Bilde der beiden ewig ringenden Kämpfer. Nur in Terminen rechnet der wahre Politiker. Und ist die Abschaffung der Bourgeoisie nicht bis zu einem fast berechenbaren Augenblick der wirtschaftlichen und technischen Entwicklung vollzogen (Inflation und Gaskrieg signalisieren ihn), so ist alles verloren. Bevor der Funke an das Dynamit kommt, muß die brennende Zündschnur durchschnitten werden. Eingriff, Gefahr und Tempo des Politikers sind technisch – nicht ritterlich.

REISEANDENKEN

ATRANI. Die sacht ansteigende geschweifte Barocktreppe zur Kirche. Das Gitter hinter der Kirche. Die Litaneien der alten Frauen beim Ave Maria: Einschulung in die erste Sterbeklasse. Wenn man sich umwendet, grenzt dann die Kirche wie Gott selber ans Meer. Allmorgendlich bricht die christliche Ära den Fels an, aber zwischen den Mauern darunter zerfällt immer wieder die Nacht in die vier alten römischen Viertel. Gassen wie Luftschächte. Auf dem Marktplatz ein Brunnen. Am Spätnachmittag Weiber herum. Dann einsam: archaisches Plätschern.

MARINE. Die Schönheit großer Segelschiffe ist einziger Art. Denn sie sind nicht allein in ihrem Umriß durch Jahrhunderte unverändert geblieben, sondern erscheinen in der unwandelbarsten Landschaft: auf der See gegen den Horizont abgehoben.

VERSAILLES FASSADE. Es ist, als habe man dies Schloß vergessen, wo man es vor so und soviel hundert Jahren Par Ordre Du Roi nur auf zwei Stunden als das Versatzstück einer Féerie hingestellt hat. Von seinem Glanz behält es nichts für sich, es gibt ihn ungeteilt an jene königliche Lage, die mit ihm abschließt. Vor diesem Hintergrund wird sie zur Bühne, auf der die absolute Monarchie als allegorisches Ballett tragiert ward. Doch heute ist es nur die Wand, deren Schatten man aufsucht, um den Fernblick ins Blau zu genießen, das Le Nôtre erschuf.

HEIDELBERGER SCHLOSS. Ruinen, deren Trümmer gegen den Himmel ragen, erscheinen bisweilen doppelt schön an klaren Tagen, wenn der Blick in ihren Fenstern oder zu Häupten den vorüberziehenden Wolken begegnet. Die Zerstörung bekräftigt durch das vergängliche Schauspiel, das sie am Himmel eröffnet, die Ewigkeit dieser Trümmer.

SEVILLA ALCAZAR. Eine Architektur, die dem ersten Zuge der Phantasie folgt. Sie ist durch praktische Bedenken ungebrochen. Nur Träume und Feste, deren Erfüllung, sind in den hohen Gemächern vorgesehen. Darinnen werden Tanz und Schweigen Leitmotiv, weil alle menschliche Bewegung vom stillen Getümmel des Ornamentes eingesogen wird.

MARSEILLE KATHEDRALE. Auf dem menschenleersten, sonnigsten Platz steht die Kathedrale. Hier ist es ausgestorben, trotzdem im Süden, zu ihren Füßen, La Joliette, der Hafen, im Norden ein Proletarierviertel dicht anstößt. Als Umschlagplatz für ungreifbare, undurchschaubare Ware steht da das öde Bauwerk zwischen Mole und Speicher. An vierzig Jahre hat man darangesetzt. Doch als dann 1893 alles fertig war, da hatten Ort und Zeit an diesem Monument sich gegen Architekten und Bauherrn siegreich verschworen und aus den reichen Mitteln des Klerus war ein Riesenbahnhof entstanden, der niemals dem Verkehr konnte übergeben werden. An der Fassade sind die Wartesäle im Innern kenntlich, wo Reisende I.-IV. Klasse (doch vor Gott sind sie alle gleich), eingeklemmt wie zwischen Koffer in ihre geistige Habe, sitzen und in Gesangbüchern lesen, die mit ihren Konkordanzen und Korrespondenzen den internationalen Kursbüchern sehr ähnlich sehen. Auszüge aus der Eisenbahnverkehrsordnung hängen als Hirtenbriefe an den Wänden, Tarife für den Ablaß auf die Sonderfahrten im Luxuszug des Satan werden eingesehen und Kabinette, wo der Weitgereiste diskret sich reinwaschen kann, als Beichtstühle in Bereitschaft gehalten. Das ist der Religionsbahnhof zu Marseille. Schlafwagenzüge in die Ewigkeit werden zur Messezeit hier abgefertigt.

FREIBURGER MÜNSTER. Mit dem eigensten Heimatgefühl einer Stadt verbindet sich für ihren Bewohner – ja vielleicht noch für den verweilenden Reisenden in der

Erinnerung der Ton und der Abstand, mit dem der Schlag ihrer Turmuhren anhebt.

MOSKAU BASILIUS-KATHEDRALE. Was die byzantinische Madonna im Arm hat ist nur eine hölzerne Puppe in Lebensgröße. Ihr Schmerzensausdruck vor einem Christus, dessen Kindsein nur angedeutet, nur vertreten bleibt, ist intensiver, als sie je mit einem lebenswahren Knabenbilde ihn zur Schau tragen könnte.

BOSCOTRECASE. Vornehmheit der Pinienwälder: ihr Dach ist ohne Verflechtungen gebildet.

NEAPEL MUSEO NAZIONALE. Archaische Statuen tragen im Lächeln das Bewußtsein ihres Leibes dem Betrachter entgegen wie ein Kind die frisch gepflückten Blumen ungebunden und zerstreut uns entgegenhebt, während die spätere Kunst strenger die Mienen schürzt, gleich dem Erwachsenen, der mit schneidenden Gräsern den dauernden Strauß flicht.

FLORENZ BAPTISTERIUM. Auf dem Portal die »Spes« Andrea Pisanos. Sie sitzt und hilflos erhebt sie die Arme nach einer Frucht, die ihr unerreichbar bleibt. Dennoch ist sie geflügelt. Nichts ist wahrer.

HIMMEL. Im Traume trat ich aus einem Hause und erblickte den Nachthimmel. Ein wildes Glänzen ging von ihm aus. Denn, ausgestirnt wie er war, standen die Bilder, nach denen man Sterne zusammenfügt, in sinnlicher Gegenwart da. Ein Löwe, eine Jungfrau, eine Waage und viele andere starrten, als dichte Sternhaufen, auf die Erde herunter. Kein Mond war zu sehen.

OPTIKER

Im Sommer fallen die dicken Leute auf, im Winter die dünnen.

Im Frühling gewahrt man bei hellem Sonnenwetter das junge Laub, im kalten Regen die noch unbelaubten Äste.

Wie ein gastlicher Abend verlaufen ist, das sieht an der Stellung der Teller und Tassen, der Becher und Speisen, wer zurückblieb, auf einen Blick.

Grundsatz der Werbung: sich siebenfach machen; siebenfach sich um die stellen, die man begehrt.

Der Blick ist die Neige des Menschen.

SPIELWAREN

MODELLIERBILDERBOGEN. Buden haben wie große schwankende Kähne zu beiden Seiten die steinerne Mole angelaufen, auf der die Leute sich schieben. Es gibt Segler, die Masten aufragen lassen, an denen die Wimpel herunterhängen, Dampfer, aus deren Schornsteinen Rauch steigt, Lastkähne, die ihre Ladung lange verstaut halten. Darunter sind Schiffe, in deren Bauch man verschwindet; nur Männer dürfen hinunter, aber man sieht durch Luken hindurch Frauenarme, Schleier und Pfauenfedern. Anderswo stehen Fremdlinge auf dem Verdeck und scheinen mit exzentrischer Musik das Publikum abschrecken zu wollen. Aber wie gleichgültig wird es nicht empfangen. Man steigt zögernd hinauf, mit breitem, wiegendem Gange wie über Schiffstreppen, und bleibt, solange man oben ist, gewärtig, daß sich das Ganze vom Ufer ablöst. Die schweigsam und benommen dann wieder auftauchen, haben auf roten Skalen, wo gefärbter Weingeist auf- und absteigt, die eigene Ehe werden und vergehen sehen; der gelbe Mann, der unten anfing zu werben, verließ am oberen Ende dieses Maßstabs die blaue Frau. In Spiegel haben sie geblickt, wo ihnen wässerig der Boden unter den Füßen fortschwamm und sind über rollende Treppen ins Freie gestolpert. Unruhe bringt die Flotte übers Quartier: Frauen und Mädchen da drinnen sind frech aufgelegt und alles Eßbare wurde im Schlaraffenland selber verladen. Man ist so gänzlich durch das Weltmeer abgeschnitten, daß alles wie zum ersten- und zum letztenmal zugleich hier angetroffen wird. Seelöwen, Zwerge und Hunde sind wie in einer Arche aufbewahrt. Sogar die Eisenbahn ist ein für allemal hier eingebracht und fährt auf ihrem Kreislauf immer wieder durch einen Tunnel. Für einige Tage ist das Quartier zur Hafenstadt einer Südseeinsel geworden und die Bewohner Wilde, welche in Begier und Staunen vor dem vergehen, was Europa ihnen vor die Füße wirft.

SCHIESSSCHEIBEN. Schießbudenlandschaften müßten, in einem Korpus gesammelt, beschrieben werden. Da war eine Eiswüste, von der an vielen Stellen weiße Tonpfeifenköpfe, die Zielpunkte, strahlenförmig gebündelt, sich abhoben. Hinten, vor einem unartikulierten Streifen Waldes, waren zwei Förster aufgemalt, ganz vorn, gleichsam Versatzstücke,zwei Sirenen mit provozierenden Brüsten in Ölfarbe. Anderswo sträuben sich Pfeifen im Haar von Frauen, die selten mit Röcken gemalt sind, meist in Trikots. Oder sie gehen aus einem Fächer hervor, den sie in der Hand entfalten. Bewegliche Pfeifen drehen sich langsam im hinteren Grunde der »Tirs aux Pigeons«. Andere Buden präsentieren Theater, in denen der Beschauer mit der Flinte Regie führt. Trifft er ins Schwarze, dann fängt die Vorstellung an. So waren einmal sechsunddreißig Kästen und überm Bühnenrahmen stand bei jedem, was man dahinter zu erwarten hatte: »Jeanne d'Arc en prison«, »L'hospitalité«, »Les rues de Paris«. Aus einer anderen Bude: »Exécution capitale«. Vor dem verschlossenen Tore eine Guillotine, ein Richter im schwarzen Talar und ein Geistlicher, welcher das Kreuz hält. Trifft der Schuß, geht das Tor auf, ein Holzbrett schiebt sich vor, auf dem der Delinquent zwischen zwei Schergen steht. Er legt sich automatisch unters Fallbeil und der Kopf wird ihm abgehauen. Dieselbe: »Les délices du mariage«. Ein kümmerliches Interieur eröffnet sich. Den Vater sieht man mitten in der Stube, er hält ein Kind auf den Knien, mit seiner freien Hand schaukelt er die Wiege, in welcher noch eines liegt. »L'enfer« – wenn ihre Pforten auseinandergehen, erblickt man einen Teufel, welcher eine arme Seele quält. Daneben drängt ein anderer einen Pfaffen auf den Kessel zu, in welchem die Verdammten schmoren müssen. »Le bagne« – ein Tor, davor ein Gefängniswärter. Wenn man getroffen hat, zieht er an einer Glocke. Es klingelt, das Tor geht auf. Man sieht zwei Sträflinge an einem großen Rade hantieren; sie scheinen es drehen zu müssen. Wieder eine andere Konstellation: ein Geiger mit seinem Tanzbär. Man schießt hinein und der Fiedelbogen bewegt sich. Der Bär schlägt mit einer Tatze die Pauke und hebt ein Bein. Man muß an das Märchen vom tapferen Schneiderlein denken, könnte auch Dornröschen mit einem Schusse wieder erweckt, Schneewittchen durch einen Schuß von dem Apfel befreit, Rotkäppchen in einem Schuß sich aufgelöst denken. Der Schuß schlägt märchenhaft, mit jener heilsamen Gewalt ins Dasein der Puppen ein, die den Ungetümen das Haupt vom Rumpfe haut und als Prinzessinnen sie entlarvt. So wie bei jenem großen aufschriftlosen Tor: wenn man gut gezielt hat, öffnet es sich und vor roten Plüschvorhängen steht ein Mohr, der sich leicht zu verneigen scheint. Er trägt vor sich her eine goldene Schüssel. Darauf liegen drei Früchte. Es öffnet die erste sich, und eine winzige Person steht drin und verbeugt sich. In der zweiten drehen sich tanzend zwei ebenso winzige Puppen. (Die dritte tat sich nicht auf.) Darunter, vor dem Tisch, auf dem die sonstige Szenerie sich aufbaut, ein kleiner Reiter aus Holz mit der Überschrift: »Route minée«. Trifft man ins Schwarze, so knallt es, und der Reiter mit seinem Pferd überschlägt sich, bleibt aber, wohlverstanden, auf ihm sitzen.

STEREOSKOP. Riga. Der tägliche Markt, die gedrängte Stadt aus niedrigen Holzbuden zieht auf der Mole, einem breiten, schmutzigen Steinwall ohne Speichergebäude sich am Wasser der Düna entlang. Kleine Dampfer, die oft kaum mit dem Schornstein über die Kaimauer reichen, haben die schwärzliche Zwergenstadt angelaufen. (Die größeren Schiffe liegen dünaabwärts.) Schmutzige Bretter sind der tonige Grund, auf dem, in der kalten Luft leuchtend, einige wenige Farben zergehen. An manchen Ecken stehen hier das ganze Jahr neben Fisch-, Fleisch-, Stiefel- und Kleiderbaracken Kleinbürgerweiber mit den bunten Papierruten, die nach Westen nur um die Weihnachtszeit vordringen. Von der geliebtesten Stimme gescholten werden – so sind diese Ruten. Für wenige Santimes vielfarbige Strafbüschel. Am Ende der Mole liegt in hölzernen Schranken nur dreißig Schritt vom Wasser entfernt mit seinen rotweißen Bergen der Äpfelmarkt. Die feilgebotenen Äpfel stecken im Stroh und die verkauften ohne Stroh in den Körben der Hausfrauen. Eine dunkelrote Kirche erhebt sich dahinter, die in der frischen Novemberluft gegen die Backen der Äpfel nicht aufkommt. – Mehrere Läden für Schifferbedarf in kleinen Häuschen unweit der Mole. Taue sind aufgemalt. Überall sieht man die Ware abgemalt auf Schildern oder auf die Hauswand gepinselt. Ein Geschäft in der Stadt hat auf der unverputzten Ziegelwand Koffer und Riemen überlebensgroß. Ein niedriges Eckhaus mit einem Laden für Korsetts und Damenhüte ist mit geputzten Damengesichtern und strengen Miedern auf ockergelbem Grunde bemalt. Im Winkel davor steht eine Laterne, die auf den Glasscheiben Ähnliches darstellt. Das Ganze ist wie die Fassade eines Phantasiebordells. Ein anderes Haus, ebenfalls unweit des Hafens, hat Zuckersäcke und Kohlen grau und schwarz plastisch auf grauer Hauswand. Schuhe irgendwo anders regnen aus Füllhörnern nieder. Eisenwaren sind bis ins einzelne, Hämmer, Zahnräder, Zangen und kleinste Schräubchen auf ein Schild gemalt, das wie eine Vorlage aus veralteten Kindermalbüchern aussieht. Mit solchen Bildern ist die Stadt durchsetzt: gestellt wie aus Schubladen. Dazwischen aber ragen viel hohe festungsartige, todtraurige Gebäude heraus, die alle Schrecken des Zarismus wachrufen.

UNVERKÄUFLICH. Mechanisches Kabinett auf dem Jahrmarkt zu Lucca. In einem langgestreckten symmetrisch geteilten Zelt ist die Ausstellung untergebracht. Einige Stufen führen herauf. Das Aushängeschild vertritt ein Tisch mit einigen unbeweglichen Puppen. Durch die rechte Öffnung betritt man das Zelt, durch die linke verläßt man es wieder. Im hellen Innenraume ziehen zwei Tische sich in die Tiefe. Sie stoßen an der inneren Längskante zusammen, sodaß nur ein schmaler Raum für den Umgang bleibt. Beide Tische sind niedrig und glasgedeckt. Auf ihnen stehen die Puppen (zwanzig bis fünfundzwanzig Zentimeter hoch im Durchschnitt), während in ihrem unteren verdeckten Teile das Uhrwerk, das die Puppen treibt, vernehmbar tickt. Ein kleiner Tritt für Kinder läuft an den Kanten der Tische entlang. An den Wänden sind Zerrspiegel. – Dem Eingang zunächst sieht man

Fürstlichkeiten. Jede macht irgendeine Bewegung: die einen mit dem rechten oder linken Arm eine weitausholende einladende Geste, die anderen eine Schwenkung der gläsernen Blicke; manche rollen die Augen und rühren die Arme zu gleicher Zeit. Franz Joseph, Pio IX., thronend und flankiert von zwei Kardinälen, die Königin Elena von Italien, die Sultanin, Wilhelm I. zu Pferde, Napoleon III. klein und kleiner noch Vittorio Emanuele als Kronprinz stehen da. Biblische Figurinen folgen, darauf die Passion. Herodes befiehlt mit sehr mannigfachen Bewegungen des Hauptes den Kindermord. Er öffnet weit den Mund und nickt dazu, streckt den Arm aus und läßt ihn wieder fallen. Zwei Henker stehen vor ihm: der eine leerlaufend mit schneidendem Schwert, ein enthauptetes Kind unterm Arm, der andere, im Begriffe zuzustechen, steht, bis aufs Augenrollen, unbeweglich. Und zwei Mütter dabei: die eine unaufhörlich sacht ihren Kopf schüttelnd wie eine Schwermütige, die andere langsam, flehend die Arme hebend. – Die Nagelung ans Kreuz. Dieses liegt am Boden. Die Schergen schlagen den Nagel ein. Christus nickt. – Christus gekreuzigt, von dem Essigschwamm getränkt, den ihm ein Kriegsknecht langsam, ruckweis reicht und augenblicklich wieder entzieht. Der Heiland hebt dabei ganz wenig das Kinn. Von hinten beugt ein Engel mit dem Kelch für Blut sich übers Kreuz, führt ihn vor und zieht ihn dann, als wäre er gefüllt, zurück. – Der andere Tisch zeigt genrehafte Bilder. Gargantua mit Knödeln. Vor einem Teller schaufelt er mit beiden Händen sie in den Mund, indem er abwechselnd den rechten und den linken Arm hebt. Beide Hände halten je eine Gabel, an der ein Kloß steckt. – Ein spinnendes Alpenfräulein. – Zwei Affen, die Geige spielen. – Ein Zauberer hat zwei tonnenartige Behälter vor sich. Der rechte öffnet sich und daraus taucht mit ihrem Oberkörper eine Dame. Sodann versinkt sie. Es öffnet sich der linke: daraus hebt zu halber Höhe sich ein Männerleib. Von neuem öffnet sich der rechte Behälter und nun steigt da der Schädel eines Bocks mit dem Gesicht der Dame zwischen den Hörnern hervor. Danach hebt es sich links: ein Affe stellt sich statt des Mannes dar. Sodann geht alles wieder von vorne an. – Ein anderer Zauberer: er hat vor sich einen Tisch und hält je einen umgekehrten Becher in der rechten und linken Hand. Darunter erscheinen, wie er abwechselnd den einen oder den anderen hebt, bald ein Brot oder ein Apfel, eine Blume oder ein Würfel. – Der Zauberbrunnen: kopfschüttelnd steht ein Bauernknabe vor einem Ziehbrunnen. Ein Mädchen zieht und der unabgesetzte dicke Strahl aus Glas rinnt aus der Brunnenöffnung. – Die verzauberten Liebenden: ein goldenes Gebüsch oder eine goldene Flamme tut in zwei Flügeln sich auf. Darin werden zwei Puppen sichtbar. Sie wenden die Köpfe einander zu und dann wieder ab, als sähen sie mit fassungslosem Staunen sich an. – Unter allen Figuren ein kleines Papier mit der Aufschrift. Das Ganze aus dem Jahre 1862.

POLIKLINIK

Der Autor legt den Gedanken auf den Marmortisch des Cafés. Lange Betrachtung: denn er benutzt die Zeit, da noch das Glas – die Linse, unter der er den Patienten vornimmt – nicht vor ihm steht. Dann packt er sein Besteck allmählich aus: Füllfederhalter, Bleistift und Pfeife. Die Menge der Gäste macht, amphitheatralisch angeordnet, sein klinisches Publikum. Kaffee, vorsorglich eingefüllt und ebenso genossen, setzt den Gedanken unter Chloroform. Worauf der sinnt, hat mit der Sache selbst nicht mehr zu tun, als der Traum des Narkotisierten mit dem chirurgischen Eingriff. In den behutsamen Lineamenten der Handschrift wird zugeschnitten, der Operateur verlagert im Innern Akzente, brennt die Wucherungen der Worte heraus und schiebt als silberne Rippe ein Fremdwort ein. Endlich näht ihm mit feinen Stichen Interpunktion das Ganze zusammen und er entlohnt den Kellner, seinen Assistenten, in bar.

DIESE FLÄCHEN SIND ZU VERMIETEN

Narren, die den Verfall der Kritik beklagen. Denn deren Stunde ist längst abgelaufen. Kritik ist eine Sache des rechten Abstands. Sie ist in einer Welt zu Hause, wo es auf Perspektiven und Prospekte ankommt und einen Standpunkt einzunehmen noch möglich war. Die Dinge sind indessen viel zu brennend der menschlichen Gesellschaft auf den Leib gerückt. Die ›Unbefangenheit‹, der ›freie Blick‹ sind Lüge, wenn nicht der ganz naive Ausdruck planer Unzuständigkeit geworden. Der heute wesenhafteste, der merkantile Blick ins Herz der Dinge heißt Reklame. Sie reißt den freien Spielraum der Betrachtung nieder und rückt die Dinge so gefährlich nah uns vor die Stirn, wie aus dem Kinorahmen ein Auto, riesig anwachsend, auf uns zu zittert. Und wie das Kino Möbel und Fassaden nicht in vollendeten Figuren einer kritischen Betrachtung vorführt, sondern allein ihre sture, sprunghafte Nähe sensationell ist, so kurbelt echte Reklame die Dinge heran und hat ein Tempo, das dem guten Film entspricht. Damit ist denn ›Sachlichkeit‹ endlich verabschiedet, und vor den Riesenbildern an den Häuserwänden, wo »Chlorodont« und »Sleipnir« für Giganten handlich liegen, wird die gesundete Sentimentalität amerikanisch frei, wie Menschen, welche nichts mehr rührt und anrührt, im Kino wieder das Weinen lernen. Für den Mann von der Straße aber ist es das Geld, das dergestalt die Dinge ihm nahe rückt, den schlüssigen Kontakt mit ihnen herstellt. Und der bezahlte Rezensent, der im

Kunstsalon des Händlers mit Bildern manipuliert, weiß, wenn nicht Besseres so Wichtigeres von ihnen, als der Kunstfreund, der sie im Schaufenster sieht. Die Wärme des Sujets entbindet sich ihm und stimmt ihn gefühlvoll. – Was macht zuletzt Reklame der Kritik so überlegen? Nicht was die rote elektrische Laufschrift sagt – die Feuerlache, die auf dem Asphalt sie spiegelt.

BÜROBEDARF

Das Chefzimmer starrt von Waffen. Was als Komfort den Eintretenden besticht, das ist in Wahrheit ein cachiertes Arsenal. Ein Telephon auf dem Schreibtisch schlägt alle Augenblicke an. Es fällt einem an der wichtigsten Stelle ins Wort und gibt dem Gegenüber Zeit, sich seine Antwort zurechtzulegen. Indessen zeigen Brocken vom Gespräch, wieviele Angelegenheiten hier verhandelt werden, die wichtiger sind als die, die an der Reihe ist. Man sagt sich das und langsam fängt man an, von seinem eigenen Standpunkte abzurutschen. Man beginnt sich zu fragen, von wem da die Rede ist, vernimmt mit Schrecken, daß der Unterredner morgen nach Brasilien fährt und ist bald mit der Firma derart solidarisch, daß die Migräne, über die er sich am Telephon beklagt, als bedauerliche Betriebsstörung (statt als Chance) verzeichnet wird. Gerufen oder ungerufen tritt die Sekretärin ein. Sie ist sehr hübsch. Und ist ihr Brotherr gegen ihre Reize, sei's gefeit, sei's als Bewunderer längst mit ihr im Reinen, so wird der Neuling mehr als einmal nach ihr sehen, und sie versteht es, ihrem Chef zu Dank zu handeln. Sein Personal ist in Bewegung, Kartotheken aufzutischen, in denen der Gastfreund in den verschiedensten Zusammenhängen sich rubriziert weiß. Er beginnt zu ermüden. Der andere aber, der das Licht im Rücken hat, liest aus den Zügen des blendend bestrahlten Gesichts mit Befriedigung das ab. Auch der Sessel tut seine Wirkung; man sitzt darin so tief zurückgelehnt wie beim Dentisten und nimmt das peinliche Verfahren dann zuletzt noch für den ordnungsmäßigen Verlauf der Dinge. Eine Liquidation folgt früher oder später auch dieser Behandlung.

STÜCKGUT: SPEDITION UND VERPACKUNG

Ich fuhr früh morgens mit dem Auto durch Marseille zur Bahn, und wie mir unterwegs bekannte Stellen, dann neue, unbekannte oder andere, die ich nur ungenau erinnern konnte, aufstießen, wurde die Stadt ein Buch in meinen Händen, in das ich schnell noch ein paar Blicke warf, bevor es in der Kiste auf dem Speicher mir auf wer weiß wie lange aus den Augen kommen sollte.

WEGEN UMBAU GESCHLOSSEN!

Im Traum nahm ich mir mit einem Gewehr das Leben. Als der Schuß fiel, erwachte ich nicht, sondern sah mich eine Weile als Leiche liegen. Dann erst wachte ich auf.

»AUGIAS«
AUTOMATISCHES RESTAURANT

Dies ist der stärkste Einwand gegen die Lebeweise des Hagestolz: er nimmt einsam sein Essen. Einsam zu speisen macht leicht hart und roh. Wer es gewohnt ist, muß spartanisch leben, um nicht zu verkommen. Einsiedler haben, sei's nur darum, sich frugal beköstigt. Denn dem Essen wird nur in der Gemeinschaft sein Recht; es will geteilt und ausgeteilt sein, wenn es anschlagen soll. Gleichviel wem: früher bereicherte ein Bettler am Tisch jede Mahlzeit. Aufs Teilen und aufs Geben kommt alles an, nichts auf soziables Gespräch in der Runde. Erstaunlich ist aber wiederum, daß Geselligkeit kritisch wird ohne Speisen. Bewirtung nivelliert und verbindet. Der Graf von Saint-Germain blieb nüchtern vor vollen Tafeln und schon auf diese Weise Herrscher im Gespräch. Wo aber jeder einzelne leer ausgeht, da kommen die Rivalitäten mit ihrem Streit.

BRIEFMARKEN-HANDLUNG

Wer Stapel alter Briefschaften durchsieht, dem sagt oft eine Marke, die längst außer Kurs ist, auf einem brüchigen Umschlag mehr als Dutzende von durchlesenen Seiten. Manchmal begegnet man ihnen auf Ansichtskarten und weiß dann nicht, soll man sie ablösen oder soll man die Karte bewahren wie sie nun einmal ist, wie das Blatt eines alten Meisters, das auf der vorderen und der hinteren Seite zwei verschiedene gleich wertvolle Zeichnungen hat? Es gibt auch, in den Glaskästen von Cafés, Briefe, die etwas auf dem Kerbholz haben und vor aller Augen am Pranger stehen. Oder hat man sie deportiert und müssen sie in diesem Kasten Jahr und Tag auf einem gläsernen Salas y Gomez schmachten. Briefe, die lange uneröffnet blieben, bekommen etwas Brutales; sie sind Enterbte, die hämisch im stillen Rache für lange Leidenstage schmieden. Viele von ihnen stellen später in den Fenstern der Briefmarkenhändler die über und über von Stempeln gebrandmarkten Ganzsachen dar.

Man weiß, es gibt Sammler, die sich nur mit gestempelten Marken befassen und viel fehlt nicht, so wollte man glauben, sie sind die einzigen, die ins Geheimnis eingedrungen sind. Sie halten sich an den okkulten Teil der Marke; an den Stempel. Denn der Stempel ist deren Nachtseite. Es gibt feierliche, die um das Haupt der Queen Victoria einen Heiligenschein und prophetische, die eine Märtyrerkrone um Humbert legen. Aber keine sadistische Phantasie reicht an die schwarze Prozedur heran, die mit Striemen die Gesichter bedeckt und durch das Erdreich ganzer Kontinente Spalten reißt wie ein Erdbeben. Und die perverse Freude am Kontrast dieses geschändeten Markenkörpers mit seinem weißen, spitzengarnierten Tüllkleid: der Zahnung. Wer Stempeln nachgeht, muß als Detektiv Signalements der verrufensten Postanstalten, als Archäologe die Kunst, den Torso fremdester Ortsnamen zu bestimmen, als Kabbalist das Inventar der Daten für ein ganzes Jahrhundert besitzen.

Briefmarken starren von Zifferchen, winzigen Buchstaben, Blättchen und Äuglein. Sie sind graphische Zellengewebe. Das alles wimmelt durcheinander und lebt, wie niedere Tiere, selbst zerstückelt fort. Darum macht man aus Briefmarkenteilchen, die man zusammenklebt, so wirksame Bilder. Aber auf ihnen hat Leben immer den Einschlag von Verwesung zum Zeichen, daß es aus Abgestorbenem sich zusammensetzt. Ihre Porträts und obszönen Gruppen stecken voller Gebeine und Würmerhaufen.

Bricht in der Farbenfolge der langen Sätze sich vielleicht das Licht einer fremden Sonne? Wurden in den Postministerien des Kirchenstaats oder von Ecuador Strahlen aufgefangen, die wir andern nicht kennen? Und warum zeigt man uns nicht die Marken der besseren Planeten? Die tausend Stufen von Feuerrot, die auf der Venus in Umlauf sind und die vier großen grauen Werte vom Mars und die zifferlosen Saturnmarken?

Länder und Meere sind auf Marken nur die Provinzen, Könige nur die Söldner der Ziffern, die nach Gefallen ihre Farbe über sie ausgießen. Briefmarkenalben sind magische Nachschlagewerke, die Zahlen der Monarchen und Paläste, der Tiere und Allegorien und Staaten sind in ihnen niedergelegt. Der Postverkehr beruht auf deren Harmonie wie auf den Harmonien der himmlischen Zahlen der Verkehr der Planeten beruht.

Alte Groschenmarken, die im Oval nur ein oder zwei große Ziffern zeigen. Sie sehen aus wie jene ersten Photos, aus denen in den schwarz lackierten Rahmen Verwandte, die wir niemals kannten, auf uns herabsehen: Verzifferte Großtanten oder Voreltern. Auch Thurn und Taxis hat die großen Ziffern auf den Marken; da sind sie wie verhexte Taxameternummern. Man würde sich nicht wundern, wenn eines Abends das Licht einer Kerze dahinter durchscheint. Dann aber gibt es kleine Marken ohne Zahnung, ohne Angabe einer Währung und eines Landes. Im dichten Spinnennetz tragen sie nur eine Nummer. Das sind vielleicht die wahren Schicksalslose.

Schriftzüge auf den türkischen Piastermarken sind wie die schräg gestellte, allzuflotte, allzublitzende Busennadel auf der Krawatte eines gerissenen, halb nur europäisierten Kaufmanns aus Konstantinopel. Sie sind vom Schlage der postalischen Parvenüs, der großen, schlechtgezähnten, schreienden Formate von Nicaragua oder Kolumbien, die sich zu Banknoten herausstaffieren.

Nachportomarken sind die Spirits unter den Briefmarken. Sie ändern sich nicht. Der Wechsel der Monarchen und Regierungsformen geht spurlos wie an Geistern an ihnen vorüber.

Das Kind sieht nach dem fernen Liberia durch ein verkehrt gehaltenes Opernglas: da liegt es hinter seinem Streifchen Meer mit seinen Palmen genau wie es Briefmarken zeigen. Mit Vasco da Gama segelt es um ein Dreieck, das gleichschenklig ist wie die Hoffnung und dessen Farben mit dem Wetter sich ändern. Reiseprospekt vom Kap der GutenHoffnung. Wenn es den Schwan auf australischen Marken sieht, dann ist das, auch auf den blauen, grünen und braunen Werten, der schwarze Schwan, der nur in Australien vorkommt und hier auf den Gewässern eines Teiches als auf dem stillsten Ozean dahinzieht.

Marken sind die Visitenkarten, die die großen Staaten in der Kinderstube abgeben.

Als Gulliver bereist das Kind Land und Volk seiner Briefmarken. Erdkunde und Geschichte der Liliputaner, die ganze Wissenschaft des kleinen Volks mit allen ihren Zahlen und Namen wird ihm im Schlafe eingegeben. Es nimmt an ihren Geschäften teil, wohnt ihren purpurnen

Volksversammlungen bei, sieht dem Stapellauf ihrer Schiffchen zu und feiert mit ihren gekrönten Häuptern, die hinter Hecken thronen, Jubiläen.

Es gibt bekanntlich eine Briefmarkensprache, die sich zur Blumensprache verhält wie das Morsealphabet zu dem geschriebenen. Wie lange aber wird der Blumenflor zwischen den Telegraphenstangen noch leben? Sind nicht die großen künstlerischen Marken der Nachkriegszeit mit ihren vollen Farben schon die herbstlichen Astern und Dahlien dieser Flora? Stephan, ein Deutscher, und nicht zufällig ein Zeitgenosse Jean Pauls, hat in der sommerlichen Mitte des neunzehnten Jahrhunderts diese Saat gepflanzt. Sie wird das zwanzigste nicht überleben.

SI PARLA ITALIANO

Ich saß nachts mit heftigen Schmerzen auf einer Bank. Mir gegenüber auf einer zweiten nahmen zwei Mädchen Platz. Sie schienen sich vertraut besprechen zu wollen und begannen zu flüstern. Niemand außer mir war in der Nähe, und ich hätte ihr Italienisch nicht verstanden, so laut es sein mochte. Nun konnte ich bei diesem unmotivierten Flüstern in einer mir unzugänglichen Sprache mich des Gefühls nicht erwehren, es lege sich um die schmerzende Stelle ein kühler Verband.

TECHNISCHE NOTHILFE

Es gibt nichts Ärmeres als eine Wahrheit, ausgedrückt wie sie gedacht ward. In solchem Fall ist ihre Niederschrift noch nicht einmal eine schlechte Photographie. Auch weigert sich die Wahrheit (wie ein Kind, wie eine Frau, die uns nicht liebt) vorm Objektiv der Schrift, wenn wir uns unters schwarze Tuch gekauert haben, still und recht freundlich zu blicken. Jäh, wie mit einem Schlage will sie aus der Selbstversunkenheit gescheucht und sei es von Krawall, sei's von Musik, sei es von Hilferufen aufgeschreckt sein. Wer wollte die Alarmsignale zählen, mit denen das Innere des wahren Schriftstellers ausgestattet ist? Und ›Schreiben‹ heißt nichts anderes als sie in Funktion setzen. Dann fährt die süße Odaliske auf, reißt das Erste Beste an sich, was im Tohuwabohu ihres Boudoirs, unseres Gehirnkastens, ihr in die Hände fällt, nimmt's um und flüchtet so, unkenntlich fast, vor uns zu den Leuten. Wie wohl beschaffen muß sie aber sein und wie gesund gebaut, um so, verstellt, gehetzt, doch siegreich, liebenswürdig, unter sie zu treten.

KURZWAREN

Zitate in meiner Arbeit sind wie Räuber am Weg, die bewaffnet hervorbrechen und dem Müßiggänger die Überzeugung abnehmen.

Die Tötung des Verbrechers kann sittlich sein – niemals ihre Legitimierung.

Der Ernährer aller Menschen ist Gott und der Staat ihr Unterernährer.

Der Ausdruck der Leute, die sich in Gemäldegalerien bewegen, zeigt eine schlecht verhehlte Enttäuschung darüber, daß dort nur Bilder hängen.

STEUERBERATUNG

Kein Zweifel: es besteht ein geheimer Zusammenhang zwischen dem Maß der Güter und dem Maß des Lebens, will sagen, zwischen Geld und Zeit. Je nichtiger die Zeit eines Lebens erfüllt ist, desto brüchiger, vielgestaltiger, disparater sind seine Augenblicke, während die große Periode das Dasein des überlegenen Menschen bezeichnet. Sehr richtig schlägt Lichtenberg vor, vom Verkleinern der Zeit zu reden statt vom Verkürzen und derselbe bemerkt: »Ein paar Dutzend Millionen Minuten machen ein Leben von fünfundvierzig Jahren und etwas darüber.« Wo ein Geld im Gebrauch ist, von dem ein Dutzend Millionen Einheiten nichts bedeutet, da wird das Leben nach Sekunden statt nach Jahren gezählt werden müssen, um als Summe respektabel zu erscheinen. Und demgemäß wird es verzettelt werden wie ein Bündel Banknoten: Österreich kann sich die Kronenrechnung nicht abgewöhnen.

Geld gehört mit Regen zusammen. Das Wetter selbst ist ein Index vom Zustande dieser Welt. Seligkeit ist wolkenlos, kennt kein Wetter. Es kommt auch ein wolkenloses Reich der vollkommenen Güter, auf die kein Geld fällt.

Es wäre eine beschreibende Analysis der Banknoten zu liefern. Ein Buch, dessen grenzenlose Kraft der Satire ihresgleichen nur in der Kraft seiner Sachlichkeit hätte. Denn nirgends mehr als in diesen Dokumenten gebärdet der Kapitalismus sich naiv in seinem heiligen Ernst. Was hier an unschuldigen Kleinen um Ziffern spielt, als Göttinnen Gesetzestafeln hält und an gereiften Helden vor Münzeinheiten sein Schwert in die Scheide steckt, das ist eine Welt für sich: Fassadenarchitektur der Hölle. – Wenn Lichtenberg das Papiergeld verbreitet gefunden hätte, wäre der Plan dieses Werkes ihm nicht entgangen.

RECHTSSCHUTZ FÜR UNBEMITTELTE

VERLEGER: Meine Erwartungen sind aufs schwerste enttäuscht worden. Ihre Sachen haben gar keine Wirkung beim Publikum; sie ziehen nicht im geringsten. Und ich habe an Ausstattung nicht gespart. Ich habe mich für Reklamen verausgabt. – Sie wissen, wie ich nach wie vor Sie schätze. Sie werden es mir aber nicht verdenken können, wenn nun auch mein kaufmännisches Gewissen sich regt. Wenn irgendeiner, tue ich für die Autoren, was ich kann. Aber schließlich habe ich auch für Frau und Kinder zu sorgen. Ich will natürlich nicht sagen, daß ich die Verluste der letzten Jahre Ihnen nachtrage. Aber das bittere Gefühl einer Enttäuschung wird bleiben. Zurzeit kann ich Sie leider absolut nicht weiter unterstützen.

AUTOR: Mein Herr! Warum sind Sie Verleger geworden? Das werden wir umgehend heraushaben. Vorher gestatten Sie mir aber eins: Ich figuriere in Ihrem Archiv als Nr. 27. Sie haben fünf meiner Bücher verlegt; das heißt, Sie haben fünfmal auf 27 gesetzt. Ich bedaure, daß 27 nicht rauskam. Übrigens haben Sie mich nur cheval gesetzt. Nur weil ich neben Ihrer Glückszahl 28 liege. – Warum Sie Verleger geworden sind, das wissen Sie nun. Sie hätten ebensogut einen honetten Lebensberuf ergreifen können wie Ihr Herr Vater. Aber immer in den Tag hinein – so ist die Jugend. Frönen Sie weiter Ihren Gewohnheiten. Aber vermeiden Sie es, als ehrlichen Kaufmann sich auszugeben. Setzen Sie keine Unschuldsmiene auf, wenn Sie alles verjeut haben; erzählen Sie nichts von Ihrem achtstündigen Arbeitstag und von der Nacht, in der Sie auch kaum noch zur Ruhe kommen. »Vor allem eins, mein Kind, sei treu und wahr!« Und machen Sie Ihren Nummern keine Szene! Sonst wird man Sie rausschmeißen!

NACHTGLOCKE ZUM ARZT

Die sexuelle Erfüllung entbindet den Mann von seinem Geheimnis, das in Sexualität nicht besteht, in ihrer Erfüllungaber, und vielleicht in ihr allein, durchschnitten – nicht gelöst – wird. Es ist der Fessel zu vergleichen, die ihn an das Leben bindet. Die Frau durchschneidet sie, der Mann wird frei zum Tode, weil sein Leben das Geheimnis verloren hat. Damit gelangt er zur Neugeburt, und wie die Geliebte ihn vom Banne der Mutter befreit, so löst die Frau buchstäblicher von der Mutter Erde ihn, die Hebamme, welche jene Nabelschnur durchschneidet, die aus Naturgeheimnis geflochten ist.

MADAME ARIANE ZWEITER HOF LINKS

Wer weise Frauen nach der Zukunft fragt, gibt ohne es zu wissen, eine innere Kunde vom Kommenden preis, die tausendmal, präziser ist als alles, was er dort zu hören bekommt. Ihn leitet mehr die Trägheit als die Neugier und nichts sieht weniger dem ergebenen Stumpfsinn ähnlich, mit dem er der Enthüllung seines Schicksals beiwohnt, als der gefährliche, hurtige Handgriff, mit dem der Mutige die Zukunft stellt. Denn Geistesgegenwart ist ihr Extrakt; genau zu merken, was in der Sekunde sich vollzieht, entscheidender als Fernstes vorherzuwissen. Vorzeichen, Ahnungen, Signale gehen ja Tag und Nacht durch unsern Organismus wie Wellenstöße. Sie deuten oder sie nutzen, das ist die Frage. Beides aber ist unvereinbar. Feigheit und Trägheit raten das eine, Nüchternheit und Freiheit das andere. Denn ehe solche Prophezeiung oder Warnung ein Mittelbares, Wort oder Bild, ward, ist ihre beste Kraft schon abgestorben, die Kraft, mit der sie uns im Zentrum trifft und zwingt, kaum wissen wir es, wie, nach ihr zu handeln. Versäumen wir's, dann, und nur dann, entziffert sie sich. Wir lesen sie. Aber nun ist es zu spät. Daher, wenn unversehens Feuer ausbricht oder aus heiterm Himmel eine Todesnachricht kommt, im ersten stummen Schrecken ein Schuldgefühl, der gestaltlose Vorwurf: Hast du im Grunde nicht darum gewußt? Klang nicht, als du zum letzten Male von dem Toten sprachst, sein Name in deinem Munde schon anders? Winkt dir nicht aus den Flammen Gestern-Abend, dessen Sprache du jetzt erst verstehst? Und ging ein Gegenstand, der dir lieb war, verloren, war dann nicht Stunden, Tage vorher schon ein Hof, Spott oder Trauer, um ihn, der es verriet? Wie ultraviolette Strahlen zeigt Erinnerung im Buch des Lebens jedem eine Schrift, die unsichtbar, als Prophetie, den Text glossierte. Aber nicht ungestraft vertauscht man die Intentionen, liefert das ungelebte

Leben an Karten, Spirits, Sterne aus, die es in einem Nu verleben und vernutzen, um es geschändet uns zurückzustellen; betrügt nicht ungestraft den Leib um seine Macht, mit den Geschicken sich auf seinem eigenen Grund zu messen und zu siegen. Der Augenblick ist das kaudinische Joch, unter dem sich das Schicksal ihm beugt. Die Zukunftsdrohung ins erfüllte Jetzt zu wandeln, dies einzig wünschenswerte telepathische Wunder ist Werk leibhafter Geistesgegenwart. Urzeiten, da ein solches Verhalten in den alltäglichen Haushalt des Menschen gehörte, gaben im nackten Leibe ihm das verläßlichste Instrument der Divination. Noch die Antike kannte die wahre Praxis, und Scipio, der Karthagos Boden strauchelnd betritt, ruft, weit im Sturze die Arme breitend, die Siegeslosung: Teneo te, Terra Africana! Was Schreckenszeichen, Unglücksbild hat werden wollen, bindet er leibhaft an die Sekunde und macht sich selber zum Faktotum seines Leibes. Eben darin haben von jeher die alten asketischen Übungen des Fastens, der Keuschheit, des Wachens ihre höchsten Triumphe gefeiert. Der Tag liegt jeden Morgen wie ein frisches Hemd auf unserm Bett; dies unvergleichlich feine, unvergleichlich dichte Gewebe reinlicher Weissagung sitzt uns wie angegossen. Das Glück der nächsten vierundzwanzig Stunden hängt daran, daß wir es im Erwachen aufzugreifen wissen.

MASKEN-GARDEROBE

Wer eine Todesnachricht überbringt, erscheint sich sehr wichtig. Sein Gefühl macht ihn – selbst wider allen Verstand – zum Botschafter aus dem Reiche der Toten. Denn die Gemeinschaft aller Toten ist so riesig, daß sogar der, der nur vom Tod berichtet, sie verspürt. ›Ad plures ire‹ hieß bei den Lateinern sterben.

In Bellinzona bemerkte ich drei Geistliche in der Wartehalle des Bahnhofs. Sie saßen auf einer Bank schräg gegenüber von meinem Platz. Ich beobachtete hingegeben die Geste dessen, der in der Mitte saß und durch ein rotes Käppchen vor seinen Brüdern ausgezeichnet war. Er spricht zu ihnen, indem er die Hände über dem Schoß gefaltet hält und nur ab und zu die eine oder die andere ganz wenig hebt und bewegt. Ich denke: Die rechte Hand muß immer wissen, was die Linke tut.

Wer kam nicht schon einmal aus der Métro ins Freie und war betroffen, oben in das volle Sonnenlicht zu treten. Und dennoch schien die Sonne vor ein paar Minuten, als er hinunterstieg, genau so hell. So schnell hat er das Wetter auf der Oberwelt vergessen. So schnell wird wiederum sie selber ihn vergessen. Denn wer kann mehr von seinem Dasein sagen, als daß er zwei, drei andern durch ihr Leben so zärtlich und so nah wie das Wetter gezogen ist.

Immer wieder, bei Shakespeare, bei Calderon füllen Kämpfe den letzten Akt und Könige, Prinzen, Knappen und Gefolge ›treten fliehend auf‹. Der Augenblick, da sie Zuschauern sichtbar werden, läßt sie einhalten. Der Flucht der dramatischen Personen gebietet die Szene halt. Ihr Eintritt in den Blickraum Unbeteiligter und wahrhaft Überlegener läßt die Preisgegebenen aufatmen und umfängt sie mit neuer Luft. Daher hat die Bühnenerscheinung der ›fliehend‹ Auftretenden ihre verborgene Bedeutung. In das Lesen dieser Formel spielt die Erwartung von einem Orte, einem Licht oder Rampenlicht herein, in welchem auch unsere Flucht durch das Leben vor betrachtenden Fremdlingen geborgen wäre.

WETTANNAHME

Das bürgerliche Dasein ist das Regime der Privatangelegenheiten. Je wichtiger und folgenreicher eine Verhaltungsart ist, desto mehr enthebt es sie der Kontrolle. Politisches Bekenntnis, Finanzlage, Religion – das alles will sich verkriechen, und die Familie ist der morsche, finstere Bau, in dessen Verschlagen und Winkeln die schäbigsten Instinkte sich festgesetzt haben. Das Philisterium proklamiert restlose Privatisierung des Liebeslebens. So ist ihm Werbung zu einem stummen, verbissenen Vorgang unter vier Augen geworden, und diese durch und durch private, aller Verantwortung entbundene Werbung ist das eigentlich Neue am »Flirt«. Dagegen sind der proletarische und der feudale Typ sich darin gleich, daß in der Werbung sie viel weniger die Frau als ihre Konkurrenten überwinden. Das aber heißt die Frau viel tiefer respektieren als in ihrer ›Freiheit‹, heißt ihr zu Willen sein, ohne sie zu befragen. Feudal und proletarisch ist die Verlegung der erotischen Akzente ins öffentliche. Mit einer Frau bei der und der Gelegenheit sich zeigen, kann mehr bedeuten, als mit ihr zu schlafen. So liegt auch bei der Ehe der Wert nicht in der unfruchtbaren ›Harmonie‹ der Gatten: als exzentrische Auswirkung ihrer Kämpfe und Konkurrenzen tritt, wie das Kind, so auch die geistige Gewalt der Ehe zutage.

STEHBIERHALLE

Matrosen kommen selten an Land; der Dienst auf hoher See ist Sonntagsurlaub verglichen mit der Arbeit in Häfen, wo oft bei Tag und Nacht muß ein- und ausgeladen werden. Wenn dann der Landurlaub für einen Trupp auf ein paar Stunden kommt, ist es schon dunkel. Im besten Falle steht die Kathedrale als finsteres Massiv am Weg zur Wirtschaft. Das Bierhaus ist der Schlüssel jeder Stadt; zu wissen, wo es deutsches Bier zu trinken gibt, Länder- und Völkerkunde genug. Die deutsche Seemannskneipe rollt den nächtlichen Stadtplan auf: von dort bis zum Bordell, bis in die anderenKneipen durchzufinden ist nicht schwer. Ihr Name kreuzt seit Tagen in den Tischgesprächen. Denn wenn man einen Hafen verlassen hat, hißt einer nach dem anderen wie kleine Wimpel Spitznamen von Lokalen und von Tanzböden, von schönen Weibern und von Nationalgerichten aus dem nächsten. Aber wer weiß, ob man diesmal an Land kommt. Drum sind schon, wenn das Schiff kaum eben deklariert und angelaufen hat, Händler mit Andenken an Bord gekommen: Ketten und Ansichtskarten, Ölbilder, Messer und Marmorfigürchen. Die Stadt wird nicht besichtigt sondern eingekauft. Im Koffer des Matrosen liegt der Ledergurt aus Hongkong neben dem Panorama von Palermo und einem Mädchenphoto aus Stettin. Genau so ist ihr wirkliches Zuhause. Sie wissen nichts von einer Nebelferne, in der dem Bürger fremde Welten liegen. Was sich in jeder Stadt am ersten durchsetzt, ist der Dienst an Bord und dann das deutsche Bier, die englische Rasierseife und der holländische Tabak. Bis in die Knochen ist die internationale Norm der Industrie für sie präsent, sie sind nicht dupe der Palmen und Eisberge. Der Seemann hat die Nähe ›gefressen‹, und zu ihm reden nur exakteste Nuancen. Er kann die Länder besser nach der Zubereitung ihrer Fische als nach dem Hausbau und

Dekor der Landschaft unterscheiden. Er ist dermaßen im Detail zu Hause, daß ihm im Ozean die Routen, wo er andere Schiffe schneidet (und mit Sirenengeheul die seiner eigenen Firma begrüßt), lärmende Fahrstraßen werden, auf denen man ausweichen muß. Er wohnt auf offenem Meer in einer Stadt, wo auf der marseillaiser Cannebière eine Kneipe aus Port Said schräg gegenüber einem hamburger Freudenhaus und das napoletanische Castel dell'Ovo auf der Plaza Cataluña Barcelonas sich befindet. Bei Offizieren hat die Heimatstadt noch den Primat. Dem Leichtmatrosen aber, oder dem Heizer, den Leuten, deren transportierte Arbeitskraft im Schiffsrumpf Fühlung mit der Ware hält, sind die verschränkten Häfen nicht einmal mehr Heimat sondern Wiege. Und wenn man ihnen zuhört, wird man inne, welche Verlogenheit im Reisen steckt.

BETTELN UND HAUSIEREN VERBOTEN!

Den Bettler ehrten alle Religionen hoch. Denn er belegt, daß Geist und Grundsatz, Konsequenzen und Prinzip in einer so nüchternen und banalen als heiligen und lebenspendenden Sache, wie das Almosengeben es war, schmählich versagen.

Man führt Klage über die Bettler im Süden und man vergißt, daß ihr Beharren vor unserer Nase so gerechtfertigt ist, wie die Obstination des Gelehrten vor schwierigen Texten. Kein Schatten des Zögerns, kein leisestes Wollen oder Erwägen, das sie in unseren Mienen nicht ausspürten. Die Telepathie des Kutschers, der uns mit seinem Ruf erst deutlich macht, daß wir nicht abgeneigt zu fahren sind, des Krämers, der aus seinem Plunder die einzige Kette oder Kamee, die uns reizen könnte, heraushebt, sind vom gleichen Schlage.

ZUM PLANETARIUM

Wenn man, wie einst Hillel die jüdische Lehre, die Lehre der Antike in aller Kürze, auf einem Beine fußend, auszusprechen hätte, der Satz müßte lauten: »Denen allein wird die Erde gehören, die aus den Kräften des Kosmos leben.« Nichts unterscheidet den antiken so vom neueren Menschen, als seine Hingegebenheit an eine kosmische Erfahrung, die der spätere kaum kennt. Ihr Versinken kündigt schon in der Blüte der Astronomie zu Beginn der Neuzeit sich an. Kepler, Kopernikus, Tycho de Brahe waren gewiß nicht von wissenschaftlichen Impulsen allein getrieben. Aber dennoch liegt im ausschließlichen Betonen einer optischen Verbundenheit mit dem Weltall, zu dem die Astronomie sehr bald geführt hat, ein Vorzeichen dessen, was kommen mußte. Antiker Umgang mit dem Kosmos vollzog sich anders: im Rausche. Ist doch Rausch die Erfahrung, in welcher wir allein des Allernächsten und des Allerfernsten, und nie des einen ohne des andern, uns versichern. Das will aber sagen, daß rauschhaft mit dem Kosmos der Mensch nur in der Gemeinschaft kommunizieren kann. Es ist die drohende Verirrung der Neueren, diese Erfahrung für belanglos, für abwendbar zu halten und sie dem Einzelnen als Schwärmerei in schönen Sternennächten anheimzustellen. Nein, sie wird je und je von neuem fällig, und dann entgehen Völker und Geschlechter ihr so wenig, wie es am letzten Krieg aufs fürchterlichste sich bekundet hat, der ein Versuch zu neuer, nie erhörter Vermählung mit den kosmischen Gewalten war. Menschenmassen, Gase, elektrische Kräfte wurden ins freie Feld geworfen, Hochfrequenzströme durchfuhren die Landschaft, neue Gestirne gingen am Himmel auf, Luftraum und Meerestiefen brausten von Propellern, und allenthalben grub man Opferschächte in die Muttererde. Dies große Werben um den Kosmos vollzog zum ersten Male sich in planetarischem Maßstab, nämlich im Geiste der Technik. Weil aber die Profitgier der herrschenden Klasse an ihr ihren Willen zu büßen gedachte, hat die Technik die Menschheit verraten und das Brautlager in ein Blutmeer verwandelt. Naturbeherrschung, so lehren die Imperialisten, ist Sinn aller Technik. Wer möchte aber einem Prügelmeister trauen, der Beherrschung der Kinder durch die Erwachsenen für den Sinn der Erziehung erklären würde? Ist nicht Erziehung vor allem die unerläßliche Ordnung des Verhältnisses zwischen den Generationen und also, wenn man von Beherrschung reden will, Beherrschung der Generationsverhältnisse und nicht der Kinder? Und so auch Technik nicht Naturbeherrschung: Beherrschung vom Verhältnis von Natur und Menschheit. Menschen als Spezies stehen zwar seit Jahrzehntausenden am Ende ihrer Entwicklung; Menschheit als Spezies aber steht an deren Anfang. Ihr organisiert in der Technik sich eine Physis, in welcher ihr Kontakt mit dem Kosmos sich neu und anders bildet als in Völkern und Familien. Genug, an die Erfahrung von Geschwindigkeiten zu erinnern, kraft deren nun die Menschheit zu unabsehbaren Fahrten ins Innere der Zeit sich rüstet, um dort auf Rhythmen zu stoßen, an denen Kranke wie vordem auf hohen Gebirgen oder an südlichen Meeren sich kräftigen werden. Die Lunaparks sind eine Vorform von Sanatorien. Der Schauer echter kosmischer Erfahrung ist nicht an jenes winzige Naturfragment gebunden, das wir »Natur« zu nennen gewohnt sind. In den Vernichtungsnächten des letzten Krieges erschütterte den Gliederbau der Menschheit ein Gefühl, das dem Glück der Epileptiker gleichsah. Und die Revolten, die ihm folgten, waren der erste Versuch, den neuen Leib in ihre Gewalt zu bringen. Die Macht des Proletariats ist der

Gradmesser seiner Gesundung. Ergreift ihn dessen Disziplin nicht bis ins Mark, so wird kein pazifistisches Raisonnement ihn retten. Den Taumel der Vernichtung überwindet Lebendiges nur im Rausche der Zeugung.

MANFRED STEGLICH
ERINNERNDES ERWACHEN

"So ist das Labyrinth im Raum, was in der Zeit die Erinnerung ist, die im Vergangenen die Vorzeichen der Zukunft sieht."
(Peter Szondi)

Sind denn unsere besten Gedanken oft nicht gerade jene, die wir 'mit Worten' nicht zu Ende zu denken vermögen? Weil sie uns an die Grenzen unserer Sprachlichkeit stoßen und uns gleichsam in eine vorsprachliche magische Bilderwelt entführen, die sich jeder Mitteilbarkeit verschließt? Als Lesende folgen wir den Worten der Texte, die uns ahnen lassen, dass in ihnen mehr verborgen sei als pure Konvention, Absprache. Und so beginnen wir zu lesen, "was nie geschrieben wurde", wie es in einer Wendung Hofmannsthals heißt. Ein solches Lesen (Lektüre) nun gilt Benjamin als das ursprüngliche und archetypische, als ein *"Lesen vor aller Sprache, aus den Eingeweiden, den Sternen oder Tänzen"*.

Wer sich auf die Lektüre der Prosatexte von Walter Benjamin einlässt, wird sich einem geradezu magischen Sog ausgesetzt fühlen, einem Sog, der ihn gleichsam aufs offene Meer hinauszuführen scheint: einem Meer der unbewussten oder nicht-mehr-bewussten Bilder, der Träume und Allegorien.

Sprache reduziert sich nicht allein auf die Mitteilung des Mitteilbaren, in welcher erst Kommunikation ermöglicht wird. Sprache verweist immer auch auf die ihr immanente 'Unzulänglichkeit'; als diese ist sie ebenso Symbol des

"Nicht-Mitteilbaren" und Sprach-losen, "Archiv der unsinnlichen Ähnlichkeit". In diesem Archiv "unsinnlicher Ähnlichkeit" freilich sind alle früheren Kräfte mimetischer Hervorbringung und Auffassung ohne Rest aufbewahrt. Daher bildet die Sprache gleichsam die "höchste Stufe mimetischen Verhalten" und rettet so, als raumgewordene Vergangenheit, in sich die eigene historische Genese. Als Träger dieses mimetischen Vermögens der Sprache sieht Benjamin das Semiotische; im Sinnzusammenhang der Wörter oder Sätze tritt ihm flüchtig und zuweilen blitzartig die Ähnlichkeit aus dem Fluss der Dinge hervor, um alsbald wieder zu versinken.

Auch das Lesen nun, welches den Zugang zum Geschriebenen eröffnen soll, bleibt in dieses Netz eingewoben, indem es, über das konventionelle Feld der Semantik und profanen Mitteilbarkeit hinaus, auf eine magische Bedeutungsdimension verweist, die der Lesende erst im Binnenraum der Sprache ansichtig wird.

Wenn auch Benjamins "Berliner Kindheit" und Prousts "A la Recherche du temps perdu" in einer engen Wahlverwandtschaft stehen und wesentliche Motive teilen, sind beide in der Konsequenz doch geradezu entgegengesetzt. Proust geht es vor allem um das Wiederfinden einer verlorenen Zeit, als die ihm die vergangene Kindheit erscheint. In ihr verschlingen sich letztlich Vergangenes und Gegenwärtiges traumhaft ineinander und Marcel hat sein Entrinnen aus der Zeit mit ihrem Verlust zu bezahlen, sie wird ihm zur zeitlosen Zeit. Benjamins Rekurs auf die eigene Kindheit hingegen verfolgt eine Intention, die sich erkenntniskritisch fundiert. Indem er die vergangenen Bilder seiner Kindheit noch einmal beschwört, die Plätze, Personen, Interieurs, bleibt seine Spurensuche in der Vergangenheit doch stets auf die Zukunft gerichtet. 'Erinnerndes Erwachen' lautet die Losung, mit der uns der Ariadnefaden an die Hand gegeben ist, der uns den Zugang zum Glutkern des Benjaminschen Denkens erleichtern mag. Die Erinnerung rettet sich im erinnernden Erwachen.

Einer ähnlichen Konstellation nun begegnen wir in der "Einbahnstraße" und Louis Aragons "La paysan de Paris". Stets hat Benjamin den hohen Einfluss betont, den dieses Werk, ohne Zweifel eines der wichtigsten literarischen Zeugnisse des Surrealismus, auf seine eigenen Arbeiten ausgeübt hat. Zentraler Ort des 'Pariser Landlebens' , in der Aragon die Wirklichkeit der Stadt als eine Art mythologische Naturlandschaft beschreibt, ist eine der ältesten Pariser Passagen, die Passage de l'Opera, in jenen Tagen bedeutender Treffpunkt von Literaten, Malern, Musikern. Als begehrtes Objekt von Börsen- und Bauspekulanten fällt sie schließlich wenige Jahre nach dem Ersten Weltkrieg dem pompösen Boulevard Haussmann zum Opfer.' Aragons 1926 erschienenes Buch ist eine 'irisierende' Montage aus Bruchstücken der Erinnerung, Traumfetzen und wahren Begebenheiten, in der er sich die Passage des Mythos zurückzurufen versucht. Traum und Wachen verschmelzen auf magische Weise ineinander, unbewussten Traumspuren folgen akribische Detailbeschreibungen von Läden oder Reproduktionen originaler Getränkekarten, deren Studium uns in geheimnisvolle Tiefen zieht. Gleich dem 'Pariser Landleben' bricht sich auch das Denken der "Einbahnstraße" unablässig an dem ihm scheinbar Äußeren, Ephemeren, Randständigen. Den Sinn des gegenwärtigen Geschehens, den Sinn dessen also, was jetzt geschieht, sucht Benjamin freilich nicht allein in sich selbst (als Subjekt) und ebenso wenig allein in der 'äußeren Welt' der Objekte, sondern gerade in beiden vereint, dort, wo die Welten sich berühren, auf jener "Schwelle", wo die Welt des Subjekts und die des Objekts, die Welt des Mythos und die der Erkenntnis, die Welt des Traums und die des Wachens ineinanderfließen. Die aus dem Unbewussten steigenden Traumbilder und die in die Augen springenden, mitunter 'profanen' Objekte der Dingwelt sind so an einem Prozess beteiligt, dessen Ziel die Erkenntnis der Welt an sich ist (auch wenn diese niemals 'wirklich' erreicht werden kann). Im Gegensatz jedoch zu dem eher verspielten und unbekümmerten Hin- und Hertaumeln zwischen Traum und Wirklichkeit, zwischen Mythos und 'Wahrheit', bleibt Benjamins Erkenntnisinteresse zielgerichtet, seine Straße bleibt, wie es bereits ihr Name intendiert, nur in einer Richtung befahrbar. *"Während Aragon im Traumbereich beharrt, soll hier die Konstellation des Erwachens gefunden werden."* (PW) Im Zentrum also auch hier wieder das Motiv des 'erinnernden Erwachens'.

"Sich in einer Stadt nicht zurechtzufinden - das mag uninteressant und banal sein. Unkenntnis braucht es dazu - sonst nichts. In einer Stadt sich aber zu verirren - wie man in einem Wald sich verirrt das bedarf schon einer besonderen Schulung. Da müssen Schilder und Straßennamen, Passanten, Dächer, Kioske oder Schenken zu dem Umgetriebenen sprechen wie ein knackendes Reis im Walde unter seinen Füßen, wie der erschreckende Schrei einer Rohrdommel aus der Ferne, wie die plötzliche Stille einer Lichtung, in deren Mitte eine Lilie aufschießt." (Walter Benjamin)

Anders als in den später entstandenen Fragmenten der Pariser Passagenarbeit, in welcher Benjamin eine (materialistische) Rekonstruktion der Urgeschichte der Moderne vorschwebte, reflektieren die sechzig Denkbilder ('Aphorismen') der "Einbahnstraße" die gesellschaftlich kulturellen Erfahrungen des 30-jährigen Intellektuellen innerhalb der Weimarer Republik. In allegorischer Form zeichnen sie ein Panorama der historisch gewordenen 'Naturlandschaft' Weimars von der Schwelle jenes erinnernden Erwachens. In der Tat markieren die Entstehungsjahre ihrer Texte einen ebenso tiefen wie radikalen Einschnitt in Benjamins Leben, das bis dahin allein auf eine wissenschaftliche Laufbahn ausgerichtet schien. Das Scheitern seiner Habilitationspläne 1925, wie auch Probleme im privaten Bereich stürzten Benjamin in eine akute Lebenskrise, von der er sich niemals ganz erholen sollte. Um sich der massiven ökonomischen Abhängigkeit von seinen Eltern, einer wohlsituierten jüdischen Kaufmannsfamilie, zu entziehen, konzentrierte er all seine Bemühungen fortan auf die journalistische Tagesarbeit, die ihren Ausdruck in einer Serie von Literaturkritiken und kurzen Essays fand. Gleichzeitig schrieb er in einem Notizbuch kleinere Gedanken auf, die schließlich 1928, auf Vermittlung des Freundes und damaligen Rowohlt-Lektors Franz Hessel, eine Auswahl unter dem Titel "Einbahnstraße" erscheinen sollten. Macht bereits die von Sascha Stone entworfene (an John Heartfields Arbeiten orientierte) Fotomontage auf dem Einband, wie überhaupt die unkonventionelle grafische und typografische Gestaltung des Buchs, auf die enge Verwandtschaft des Autors zur künstlerischen und literarischen Avantgarde der 1920er Jahre aufmerksam, so gilt dies verstärkt noch für die Texte selbst, die Ernst Bloch in einer Rezension als surrealistisches Philosophieren in "Revueform" beschrieb. *"Wie Segelschiffe in der Flasche stecken, wie Blütenbäume, schneebedeckte Türme im Spielzeug drehbarer Glaskugeln eingeschlossen und verwahrt scheinen: so stecken hier Philosopheme der Welt unterm Glas der Schaufenster."* (Ernst Bloch) Nicht nur sind in ihnen die ästhetischen und theoretischen Erkenntnisse der gescheiterten Habilitationsschrift über den "Ursprung des deutschen Trauerspiels" geradezu emblematisch eingeflossen, indem unter anderem die Intention des allegorischen Verfahrens eine wahrhaft radikale Umsetzung erfährt, ebenso deutlich lässt sich an ihnen Benjamins Entwicklung vom vorrangig an literaturhistorischen und sprachtheoretischen Problemen interessierten Philosophen zum politisch engagierten Publizisten 'ablesen' ,der sich einen neuen "Produktionskreis" zu erschließen vermag. Und nach Fertigstellung der "Einbahnstraße" wird er Scholem 1926 aus Agay berichten: *"Es ist eine merkwürdige Or-*

ganisation oder Konstruktion aus meinen Aphorismen geworden, eine Straße, die einen Prospekt von so jäher Tiefe -das Wort nicht metaphorisch zu verstehen!- erschließen soll, wie etwa in Vicenza das berühmte Bühnenbild Palladios: Die Straße." (Briefe,433)

"Wie ultraviolette Strahlen zeigt Erinnerung' im Buch des Lebens jedem eine Schrift, die unsichtbar, als Prophetie, den Text glossierte."
(Walter Benjamin)

Taucht der Flanierende in die nächtlichen Straßen der Metropole, umrauscht ihn alsbald ein Meer rätselhafter Bilder, deren Schrift er zu entziffern, deren Sprache er zu verstehen hofft. Illuminiert durch den trüben Schein der Gaslaternen und pulsierenden Leuchtreklamen sucht er die Sprache der Stadt zu lesen - die Worte und Zeichen ihrer Schilder, Anschlagtafeln, Plakatwände, die Funktion und Architektur ihrer Gebäude und öffentlichen Einrichtungen. Und als eine wildwuchernde "Urlandschaft" der Konsumtion will sie ihm spontan erscheinen, als eine Welt, die ihren historischen Ursprung und ihre Motive selbst noch in der 'profansten' ihrer Äußerungen verräterisch preis-gibt.

"Die Schrift, die im gedruckten Buche ein Asyl hatte, wo sie ihr autonomes Dasein führte, wird unerbittlich von Reklamen auf die Straße hinausgezehrt und den brutalen Heteronomien des wirtschaftlichen Chaos unterstellt. ...Und ehe der Zeitgenosse dazu kommt ein Buch aufzuschlagen, ist über seine Augen ein so dichtes Gestöber von wandelbaren, farbigen streitenden Lettern niedergegangen, daß die Chance seines Eindringens in die Stille des Buches gering geworden ist." (ES) "Heuschreckenschwärme" von Schrift suchen die Großstädte des

20.Jahrhunderts heim und erheischen ein radikales Überdenken der tradierten Formen von Literatur und Kunst angesichts der desolaten Verhältnisse urbaner Lebenspraxis in der verfallenden bürgerlichen Gesellschaft. Weit mehr liegt so die Konstruktion des Lebens in der "Gewalt von Fakten" als von Überzeugungen; durch Überzeugungen wird der Hungernde nicht satt und der Suchende nicht fündig. Bedeutende literarische Wirksamkeit, so proklamiert der Eingangsaphorismus "Tankstelle" leitmotivisch, werde angesichts der unwiderruflichen Verdrängung des Buchs aus dem Zentrum des öffentlichen Interesses nur im "strengem Wechsel von Tun und Schreiben" erreicht. Die Aufmerksamkeit des Schreibenden habe sich auf jene unscheinbaren literarischen Formen zu richten, die der veränderten gesellschaftlichen Situation weit angemessener seien als noch die anspruchsvolle Geste des Buchs und dessen "archaische Stille". Insbesondere könne der literarisch Tätige deshalb auch von den zeitgenössischen Medien lernen, von ihrer Ausrichtung auf die beschleunigten 'Rezeptionsbedürfnisse' der anonymen Großstadtmassen. Tatsächlich zeige sich allein die "prompte Sprache" der Flugblätter, Broschüren, Zeitschriftenartikel und Plakate dem Augenblick gewachsen. Wenn aber Film und Reklame die Schrift vollends in die "diktatorische Vertikale" drängten, wie es an einer Stelle heißt, zwinge sie nun dieses Diktat geradezu zur geschichtsphilosophisch bedeutsamen Rückkehr auf die Straße. Der 'Verlust' der ästhetischen Kontemplation in die "archaische Stille" des Buchs erweist sich als das Ende einer Kette von obsessionalen Fiktionen der kapitalistischen Moderne, welche weder die Erfahrung bewusster Erinnerung noch Subjektivität garantiert. Dieser Verfall des subjekt-losen Subjekts wird von Benjamin jedoch nicht beklagt, sondern als Möglichkeit zur Überwindung jener zerstörerischen Moderne begrüßt. Seine Hoffnung gilt dem virtuellen "historischen Subjekt" des entwickelten Kapitalismus: den proletarischen Massen der Metropolen und deren veränderten Wahrnehmungs- und Rezeptionsstrukturen; sie werden Benjamin in den zwanziger Jahren zum Bezugspunkt seiner Konzeption einer politisierten Ästhetik. In den frühen Entwürfen der Pariser Passagen Arbeit notiert er: *"Die kopernikanische Wendung in der geschichtlichen Anschauung ist dies: man hielt für den fixen Punkt das 'Gewesene' und sah die Gegenwart bemüht, an dieses Feste die Erkenntnis tastend heranzuführen. Nun soll sich dieses Verhältnis umkehren und das Gewesene seine dialektische Fixierung von der Synthesis erhalten, die das Erwachen mit den gegensätzlichen Traumbildern vollzieht. Politik erhält den Primat über die Geschichte. Und zwar werden die 'Fakten' zu einem uns soeben Zugestoßenen: sie festzustellen ist die Sache der Erinnerung. Und Erwachen ist der exemplarische Fall des Erinnerns."* (PW) Diese Erfahrung 'erinnernden Erwachens' freilich ist dem historischen Subjekt in "Augenblicken der Gefahr" vorbehalten, sie wird möglich, weil in den proletarischen Massen der Großstädte spezifische subjektive und kollektive Erfahrungsgehalte in Verbindung treten.

Jede Lektüre hat etwas von der Entzifferung eines Palimpsestes, *"dessen verblichener Text überdeckt wird von den Zügen einer kräftigeren Schrift, die auf ihn sich bezieht"*. Verzweiflung und sprachloses Staunen - hoffnungslos bricht sich der Lesende an der immanenten Wahrheit des Textes, denn sein Versuch, jene zu besitzen, ist zum Scheitern verurteilt. Hierin unterscheidet sich Wahrheit von Erkenntnis: Erkenntnis ist eine Form des Habens, denn ihr "Gegenstand selbst bestimmt sich dadurch, dass er im Bewusstsein innegehabt werden muss". Wahrheit indes lässt sich nicht in dem von den "Erkenntnissen gezogenen Spinnennetz" einfangen. Geduldig hat der Lesende zu warten, bis die ungelösten Rätsel, wie von 'Geisterhand' geführt, plötzlich zu tanzen beginnen und sich selbst beantworten. Entscheidend ist ja nicht der Fortgang von Erkenntnis zu Erkenntnis, "sondern der

Sprung in jeder einzelnen Erkenntnis selbst". Lesen heißt also, ständig auf der Lauer zu liegen, um in den Nischen und Windungen der Worte nach 'einsamen Tänzern' Ausschau zu halten. Wer freilich allein nach verwertbarem Sinn sucht, wird oft enttäuscht; er verwechselt nur die vergängliche Leinwand, auf denen die Worte wie flüchtige Schatten ruhen, mit der Wahrheit.

Im Denkbild "Vergrößerungen" hat der zum Sprung bereite Leser die einmalige Möglichkeit, sich als Kind wiederzubegegnen. Die Erinnerungen des Autors Benjamin werden in der Gestalt des lesenden Kindes gleichsam zu den eigenen Erinnerungen: *"Lesendes Kind ... gänzlich dem Treiben des Textes anheimgegeben, da mild und heimlich, dicht und unablässig, wie Schneeflocken einen"* umfangen, *"unsäglich betroffen von dem Geschehen und den gewechselten Worten und wenn es aufsieht, ist es über und über beschneit vom Gelesenen."* (ES) Wie das ins Buch versunkene Kind durch seine Assoziationen die Worte in Schneegestöber verwandelt, verwandelt sich der Leser in ein lesendes Kind, das das Gelesene als ein lebendiges Buch erfährt, welches dem gedruckten vorausgeht. Im Akt des Lesens erwacht jene scheinbar längst vergessene Vergangenheit, die Erinnerung an ein Lesbares vor allen Lesens. Und wenn der Leser aufsieht, ist er "über und über beschneit vom Gelesenen".

"Nur um der Hoffnungslosen willen ist uns die Hoffnung gegeben", lautet der Schlusssatz im Wahlverwandtschaften-Essay. Gibt es Rettung? Auf der Schwelle zwischen Traum und Wachen, zwischen Mythos und Erkenntnis sind die Motive einer möglichen Rettung bezeichnet, freilich verbergen diese nicht die Einsicht in die eigene Ohnmacht. Bei Benjamin fallen der Untergang des Subjekts und die Rettung des Menschen zusammen. Diese theoretische Konstruktion, als deren Verwalterin die Trauer erscheint, findet ihren Ausdruck in der Allegorie der Erlösung. Benjamins Notiz, dass "das Ewige jedenfalls eher Rüsche am Kleid ist als Idee", mag als Maxime der Denkbilder der "Einbahnstraße" gelten.

"Ihn sprachen", berichtet Adorno, *"die versteinerten, erfrorenen obsoleten Bestandstücke der Kultur, alles an ihr, was der anheimelnden Lebendigkeit sich entäußerte, so an, wie den Sammler das Petrefakt oder die Pflanze im Herbarium ... Das französische Wort für Stilleben, 'nature morte ", könnte über der Pforte zu seinen philosophischen Verliesen geschrieben stehen ... Ihn fesselt nicht bloß, geronnenes Leben im Versteinten - wie in der Allegorie - zu erwecken, sondern auch Lebendiges so zu betrachten, daß es längst vergangen, 'urgeschichtlich' sich präsentiert und jäh die Bedeutung freigibt... So gesättigt ist dies Denken mit Kultur als seinem Naturgegenstand, daß es der Verdinglichung sich verschwört, anstatt ihr unentwegt zu widersprechen."* (Adorno, Prismen) In der Welt des Warenfetisch ist uns der Schlüssel zu einem unmittelbaren Zugang zu den Gegenständen ("Objekten") der Kultur auf immer verloren. Die scheinbar ephemeren und profanen Dinge, wie sie uns auf unserem Spaziergang durch die "Einbahnstraße" als immer neue Rätsel- und Vexierbilder beggnen, sind Resultat dieser bewussten "Verschwörung" mit dem Verdinglichten. Was Benjamin im surrealistischen Chock-Erfahren als "profane Erleuchtung" erkennt, findet sich hier in einer radikalen und zugespitzten Form. In der schockhaften Erfahrung des Erinnerns beginnen die Dinge selber zu reden, um uns ihre Geschichte zu erzählen, eine Geschichte, in der wir nicht nur unsere eigene Entwicklung wiederzuerkennen meinen, sondern die allen Lebens überhaupt, in deren Ursprung des Mythos Natur und Kultur miteinander versöhnt sind.

"Vielmehr durchdringen wir das Geheimnis nur in dem Grade, als wir es im Alltäglichen wiederfinden, kraft einer dialektischen Optik, die das Alltägliche als undurchdringlich, das Undurchdringliche als alltäglich erkennt." (Ben-

jamin) Der eigentümlich ambivalente Charakter der Denkbilder, jener verwirrende Wechsel zwischen erkenntnistheoretischen Reflexionen und direkter politischer Kritik, ist nicht so sehr das Resultat methodischer Überlegungen, als vielmehr die allein angemessene Reaktionsform des Intellektuellen auf die ambivalente gesellschaftlich-kulturelle Situation Weimars. So gelingt es dem 'dialektischen Materialisten' Benjamin in der Architektonik der "Einbahnstraße" ein typisches Panorama der zwanziger Jahre zu zeichnen. Überdies verweist der Schlusstext "Planetarium" bereits in groben Zügen auf die erst später von Benjamin entwickelte Geschichtskonzeption einer "Dialektik im Stillstand", die, unter dem Eindruck der 'Katastrophe' des Ersten Weltkriegs, die Moderne als eine Epoche des Verfalls bestimmt. Nirgendwo radikaler freilich verweist Benjamin indes auch auf die 'historische Mission' des Proletariats als revolutionäres Subjekt: Nicht Natur-Beherrschung, sondern die Beherrschung des Verhältnisses von Natur und Mensch obliegt jenem als wahrhaft revolutionäre Aufgabe. Allein in der Versöhnung von Menschheit und Natur erschien Benjamin Rettung noch denkbar.

"Ein höchst verworrenes Quartier, ein Straßennetz, das jahrelang von mir gemieden wurde, ward mir mit einem Schlage übersichtlich, als eines Tages ein geliebter Mensch dort einzog. Es war, als sei in seinem Fenster ein Scheinwerfer aufgestellt und zerlege die Gegend mit Lichtbüscheln." (ES)

Ebenso mag es heute dem Leser der "Einbahnstraße" ergehen.

Editorische Notiz des Herausgebers:

Dem vorliegenden Text der "Einbahnstraße" liegt die 1928 im Rowohlt Verlag erschiene Erstausgabe zugrunde.

Beim Nachwort des Herausgebers handelt es sich um die gekürzte Fassung eines 1989 an der Universität Bremen gehaltenen Vortrags zu Benjamins Einbahnstraße anlässlich einer Veranstaltungsreihe zur Aktualität der Kritischen Theorie.